일상처럼 여행하고,

여행하듯 일상을 살기를

초판 1쇄 인쇄	2021년 9월 10일
초판 1쇄 발행	2021년 9월 10일
글·사진	변승열
발행인	이헌숙
디자인	휴먼컬처아리랑 디자인팀
편집	휴먼컬처아리랑 편집팀
교정·교열	김건아
주소	경기도 양평군 옥천면 용천로 37
문의	• TEL 070-8866-2220 • FAX 02) 784-4111
이메일	thethinkbook@naver.com
홈페이지	www.휴먼컬처아리랑.kr
발행처	생각쉼표 & (주)휴먼컬처아리랑
출판 등록	제 2009-000008호
등록 일자	2009년 12월 29일
등록 번호	132-81-87282
ISBN	979-11-6537-153-1

- 이 책은 생각쉼표 & (주)휴먼컬처아리랑과 저작권자의 계약에 의해 출판된 것이므로, 무단 전재 및 유포, 공유, 복제를 금합니다.
- 이 책 내용의 전부 또는 일부를 이용하려면 반드시 저작자와 생각쉼표 & (주)휴먼컬처아리랑 서면 동의를 받아야 합니다.
- 잘못 만들어진 책은 판매처에서 교환해 드립니다.

쿠바는
정말 아름다울까?

글·사진 | 변승열

누군가에겐 환상
누군가에게는 환장

쿠바를 여행하고 돌아와서 제법 많은 사람에게 쿠바를 다녀왔음을 자랑하고 다녔다. 여행을 제법 해 본 사람이라면 당연하고, 그렇지 않은 사람들에게도 쿠바는 막연할지라도 여행 버킷 리스트중 하나임을 확인했다.

아직 쿠바를 여행하지 않은 사람들 대부분 '근사한 곳, 멋진 곳, 언젠가 꼭 한 번은 가보고 싶은 곳'이라는 등의 막연한 환상과 부푼기대를 말했다. 거리마다 흥겨운 춤과 음악이 넘쳐흐르고, 에메랄드빛 바다를 배경으로 매끈한 미녀들이 가득한 천국 같은 이미지의 나라, 어쩌면 마치 마지막 남은 지상의 낙원처럼 느껴지는 곳, 이것이 쿠바에 대한 대중적 이미지 또는 환상 일지 모른다. 나 또 한 이런 환상으로 쿠바에 갔다. 아... 미녀들...

쿠바 여행을 준비하며 이런저런 정보를 찾아봤지만, 그 정보도 넉넉하지 않았고 직접 좌충우돌하며 다녀와 보니, 걸어 다니며 여행을 한다는 방송이나 미디어에서는 잘 나오지 않는, 어쩌면 불편할 수도 있는 작은 이야기들을 알리고 싶다는 생각이 들었다.

사람들의 환상과 기대처럼 쿠바는 정말 아름다울까? 과연 그럴까? 처음부터 너무 삐딱한 걸까? 사실, 세상 어느 곳이나 모든 것이 아름다울 수만은 없듯이 그곳에도 명과 암이 공존한다. 당신의 부푼 기대를 실망 시키려는 것은 아니다.

"쿠바는 정말 아름답기만 할까?" 이 질문의 전제에는 그곳이 아름답다'라는 사실이 깔려있으니 미리 실망하거나 쫄지는 말자.

변기 커버가 없는 화장실에서 어쩔 수 없이 스쿼트를 해야 한다거나, 삐끼에게 어이없게 당한다거나, SNS에

자랑질해야 하는데, 로밍이라는 개념 자체가 없어 마치 수맥을 찾듯 핸드폰을 치켜들고 와이파이를 찾아 헤매는 일, 대중교통을 하염없이 기다리며 누군가의 "환상"이 "환장"이 되질 않기를 바라는 마음으로, 정보라 하기에 부끄러운 부족한 글 대신 그나마 좀 낫다고 생각하는 사진들을 펼쳐 내가 본 쿠바의 느낌을 전하고 싶다.

개인의 취향, 여행의 방법과 방식, 무언가를 받아들이고 느끼는 일은 세상 사람 모두 다를 것이고, 이내 내 의견과 평가가 얼마나 편협하고 옹졸하며, 세상 삐딱한지를 당신은 금세 간파할 수 있을 것이다. 넓은 아량으로 보아주시길…

그저 쿠바에 대해 막연한 호기심을 가진 이에겐 수박 겉핥기 정도의 맛보기로, 언젠가 쿠바에 발을 디딜 혹자의 여행에는 조금이나마 도움이 되길 바랄 뿐이다.

쿠바 여행에 대해 자주 받았던 질문들에 나름 친절하고 간략하게 답변을 넣어봅니다. 다들 비슷하게 궁금할지도 모르니까요.

Q. 쿠바는 가기 힘들지 않나요? 어떻게 가요? 직항은 없죠?

    A. 아직 우리나라에서 쿠바로 가는 직항은 없는 것으로 알고 있습니다. 저는 미국을 경유해서 갔는데, 미국에서도 쿠바로 가는 직항이 없어서 파나마를 경유하는 항로를 이용합니다. 우리나라에서 쿠바를 가는 방법은 캐나다를 경유하는 방법과 대부분의 유럽 주요 국가에 있는 직항을 이용하는 방법이 있습니다. 쿠바만 보기 위해 그 먼 길을 가는 건 좀 아쉬우니, 북미+쿠바 혹은 유럽+쿠바, 북미+쿠바+남미의 경로를 짜면 좋을 듯합니다. 주로 남미 여행을 하시는 분들이 쿠바를 여정에 많이 넣으시더군요.

Q. 쿠바는 안전한가요?

    A. 세상 어디를 가나 나쁜 놈 천지니까 늘 조심 해야겠지만, 쿠바는 안전하다는 느낌이었습니다. 밤에

돌아다녀도 긴장감이 느껴지지는 않았고, 오히려 제가 돌아다녀서 그들이 무서워했을지도 모르겠군요. 하바나 시내에서 유럽 관광객들은 배낭을 앞으로 메고 마치 로마에서처럼 다니더군요. 조심해서 나쁜 건 없죠.

Q. 스페인어를 못하면 여행하기 불편한가요?
　A. 어느 정도 마구잡이식 영어만 해도 여행하는 데는 큰 지장은 없습니다. 물론 언어를 잘하면 여행도 편해지고 재밌는 일도 더 생길 순 있겠죠. 프랑스나 이탈리아와 비슷하게 시골의 현지인들, 주로 노인들은 영어가 거의 통하지 않습니다. 뭘 걱정하나요? 우리에겐 손짓, 발짓 그리고 눈치가 있는데!

Q. 물가가 싸다고 들었는데 돈이 많이 들진 않나요?
　A. 어디서 자고, 무얼 먹고, 무엇을 하느냐가 중요하겠죠. 전반적으로 물가는 싸지만, 여행자의 물가가 꼭 싸진 않습니다. 억척같이 아끼면 징말 말도 안 되는 돈으로 여행할 수도 있고, 조금만 돈을 더 쓰면 왕처럼은 아니더라도 사또나 이방 정도는 누릴 수도 있을 것 같습니다.

Q. 쿠바 비자는 어떻게 받아야 하나요?
　A. 쿠바로 출발하는 비행기 탑승 데스크에서 티켓처럼 비자를 팔고 있습니다. 20달러 정도였나... 입국할 때, 반은 찢어서 내야하고 나올 때 남은 반을 제출해야 하니 잘 보관하세요. 비자에 대한 정보가 없어서 저도 꽤나 고생을..

Q. 비포 선라이즈 같은 일은 없었나요?
　A. 제가 에단 호크 정도로 생겼더라면 그랬을 수도 있겠네요.

혹시 더 궁금하신 점이 있으면, 네이버나 구글에...

카리브해의 섬나라, 드디어 쿠바의 땅이 보인다. 붉은 흙과 초록의 밭들이 미스터리 서클처럼 묘한 문양이다.

설레는 마음에서인지 더 신비롭게 느껴진다.
내 눈에 쿠바 지도는 마치 캐리비안 해적의 칼 모양이다. 수박 겉핥기가 될지라도 길쭉한 이 나라를 최대한 일주하려 했다.

하바나를 출발해 해변이 아름다운 바라데로, 혁명의 성지 산타클라라, 쿠바의 중심 까마구에이를 거쳐, 최남단 제2의 도시 산티아고 데 쿠바까지 갔다. 그다음 쿠바의 보석 같은 도시 트리나다드를 지나 시엔푸에고스를 경유해 하바나로 돌아오는 경로를 여행했다. 하바나부터 산티아고 데 쿠바까지는 약 900km 정도 된다. 빨빨거리고 쏘다니다 보니 2,500km를 돌아다녔다.

이제 그 길 위에서 만난 쿠바를 함께 나누고 싶다.

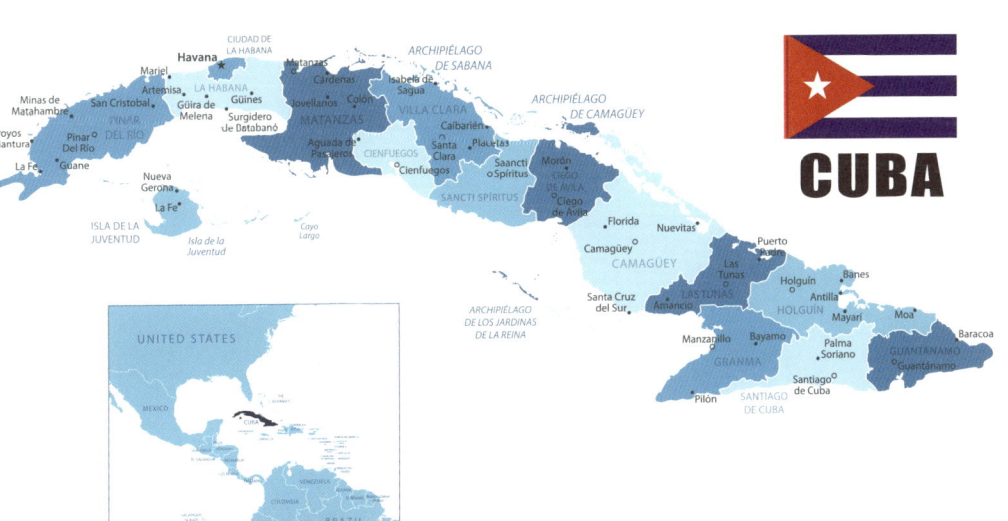

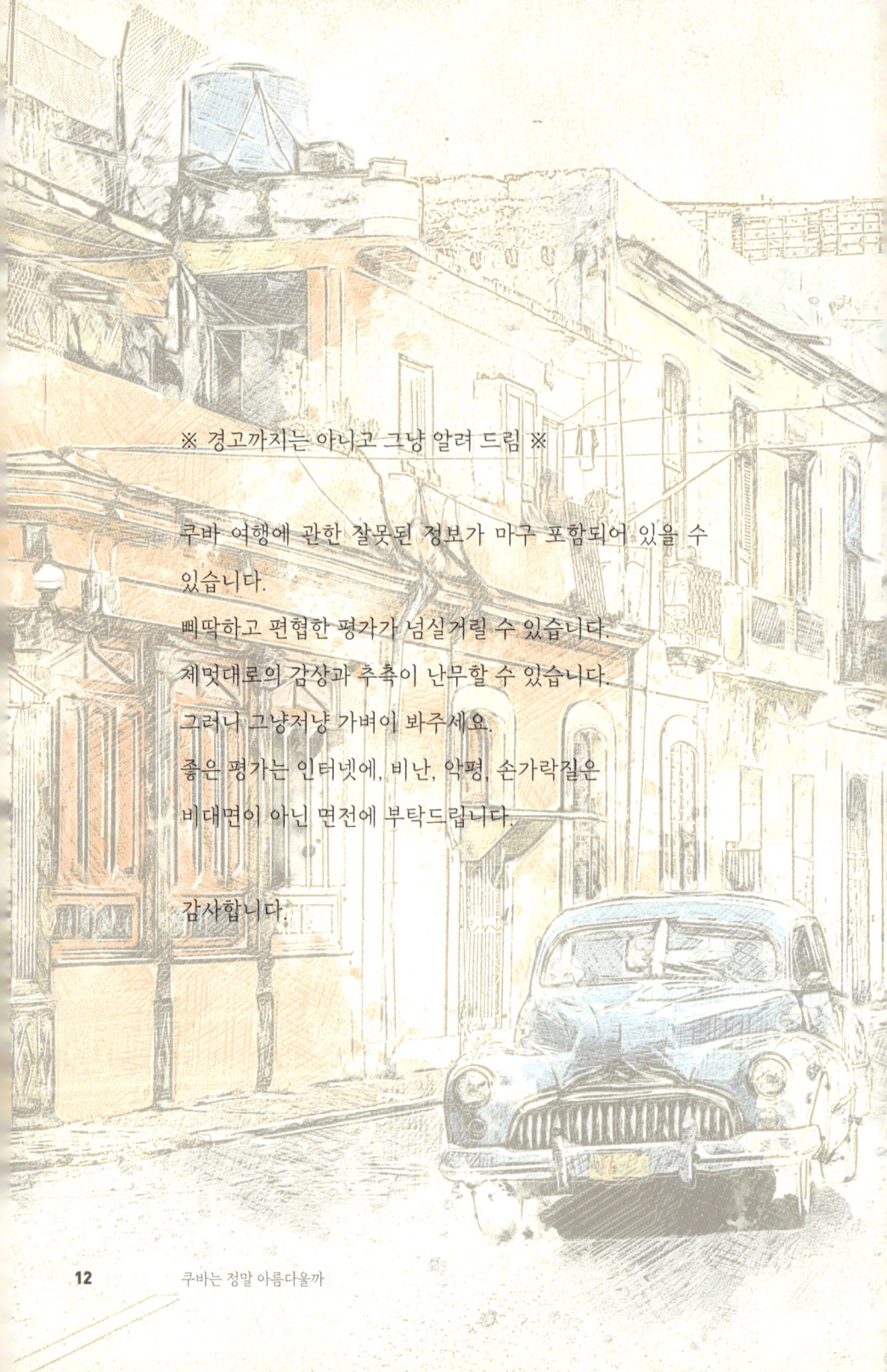

※ 경고까지는 아니고 그냥 알려 드림 ※

쿠바 여행에 관한 잘못된 정보가 마구 포함되어 있을 수 있습니다.
빼딱하고 편협한 평가가 넘실거릴 수 있습니다.
제멋대로의 감상과 추측이 난무할 수 있습니다.
그러니 그냥저냥 가벼이 봐주세요.
좋은 평가는 인터넷에, 비난, 악평, 손가락질은
비대면이 아닌 면전에 부탁드립니다.

감사합니다.

목차

FAQs	|	08
하바나의 민낯	|	15
전쟁, 협상 그리고 패배	|	38
와이파이를 찾아서	|	56
그림자 속의 쿠바	|	62
그들은 말레꼰으로 간다	|	78
쿠바인의 다른 이름, 히치하이커	|	90
쿠바의 바다	|	106
쿠바에서의 한류	|	114
쿠바에서 먹고 마시고 잠자기	|	128
길에서 만난 쿠바	|	152
나에게 쓰는 엽서	|	200
에필로그	|	203

화려한 클래식 올드카가 거리를 달리고 파스텔 톤의 건물이 온통 채워진 예쁜 도시, 당신의 뇌리에 새겨진 하바나의 이미지일 것이다. 아마도 저 그림처럼 말이다.

부푼 기대를 안고 쿠바의 호세 마르띠 국제공항에 착륙하자마자 한껏 부풀어 풍선껌이 터지듯, 이게 정말 한 나라의 국제공항인가? 싶을 정도의 썰렁했고, 초라함이 적잖아 당황할 수 있다. 적잖이 당황할 수도 있다. 물론 쿠바 행을 오랫동안 꿈꿔오고 준비한 사람이라면, 최소 비행기를 탄 사람이라면 이미 많은 정보를 찾아봤을 것이기에 덜 당황할 것이다. 책의 첫머리부터 이런 내용이면 좀 실망스러울 수도 있겠지만, 아직 실망은 이르기도 하다.

하바나 중심가에는 60년대 올드 카들이 반짝반짝 광을 내고 관광객을 낚아채려 줄지어 있고, 근사하게 멋을 낸 관광객들은 클래식 오픈카의 뒷자리에서 쿠바를 만끽하며 시내를 휘젓고 달린다. 머릿속에 아로새겨진 바로 그 "쿠바"가 눈앞에 펼쳐진다.

공항에 내려 실망했던 마음은 이내 사라지고 브에나 비스타 소셜클럽 포스터 속의 남자가 된 것 마냥 흥얼거리며 길을 걷는다.

고급 호텔이 모여있는 길가와 광장, 헤밍웨이가 즐겨 찾았다는 술집 앞에는 어김없이 형형색색의 올드카들이 진을 치고 관광객을 유혹한다. 쿠바 하면 떠오르는 딱 그 이미지가 현실로 확인되는 순간이다. 내가 가졌던 환상 그대로 근사하다. 하지만 이 근사함의 배경은 그리 아름답지 않다.

400여 년의 스페인 식민 지배와 독립전쟁, 미 군정을 거치며 이내 사회주의 혁명을 완수한 쿠바. 혁명이 이루어지기 직전까지 쿠바는 미국인들의 휴양과 환락의 지대였다. 아름다운 바다, 좋은 날씨, 싼 물가, 아름다운 여인들, 끝내주는 음악 그리고 한때 미국에서 금지되었던 술이 넘쳐 나는 곳, 모든 것이 완벽한 파라다이스였을 것이다. 이런 환락의 세월을 보내던 미국인들이 정치적 요동에 따라 도망치듯 떠나며 버린 것들을 일종의 전리품처럼 취해 닦고 조이며 기름 친 것이 현재 하바나를 상징하는 올드 카인 것이다.

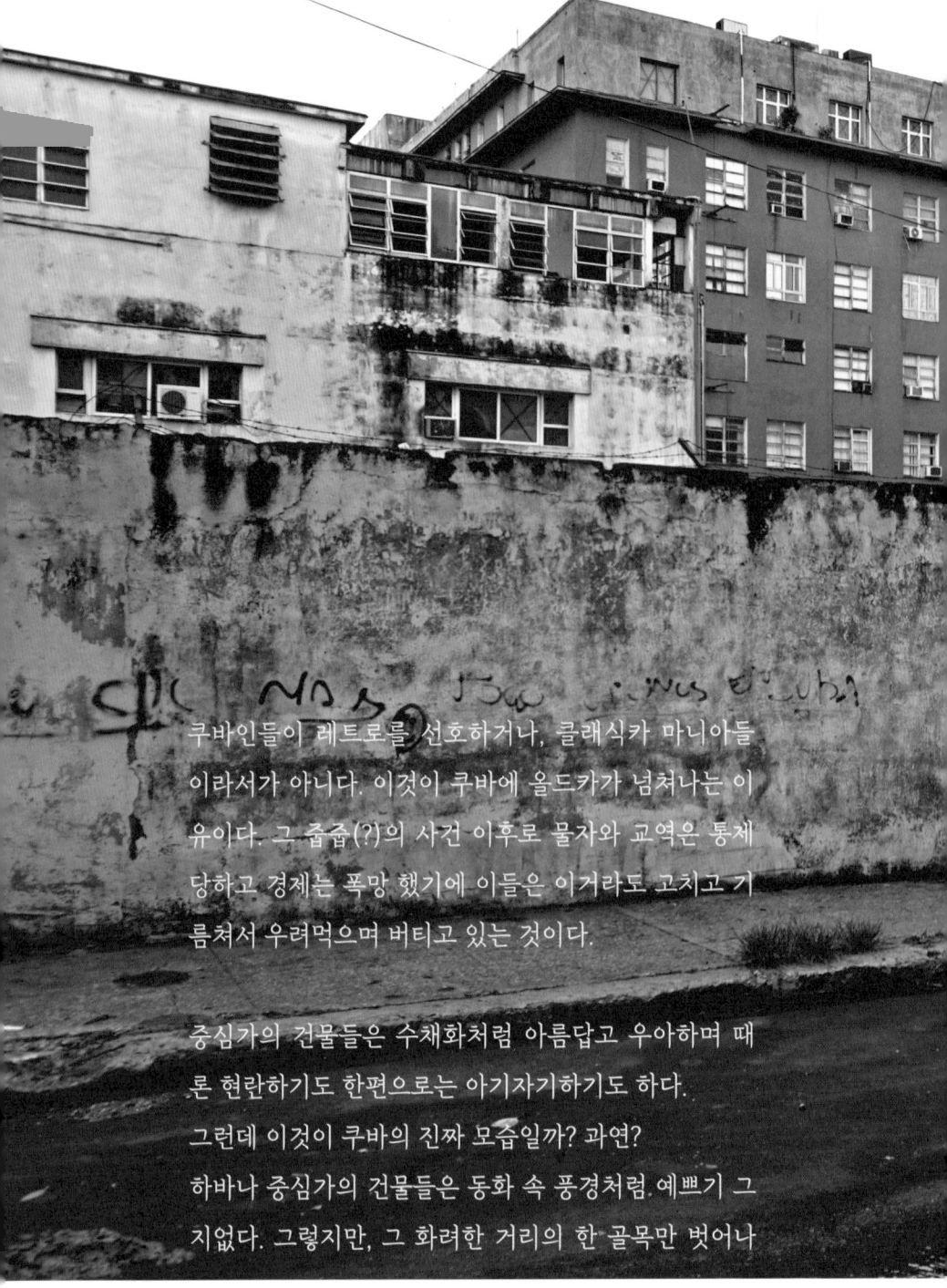

쿠바인들이 레트로를 선호하거나, 클래식카 마니아들이라서가 아니다. 이것이 쿠바에 올드카가 넘쳐나는 이유이다. 그 즙즙(?)의 사건 이후로 물자와 교역은 통제당하고 경제는 폭망 했기에 이들은 이거라도 고치고 기름쳐서 우려먹으며 버티고 있는 것이다.

중심가의 건물들은 수채화처럼 아름답고 우아하며 때론 현란하기도 한편으로는 아기자기하기도 하다.
그런데 이것이 쿠바의 진짜 모습일까? 과연?
하바나 중심가의 건물들은 동화 속 풍경처럼 예쁘기 그지없다. 그렇지만, 그 화려한 거리의 한 골목만 벗어나

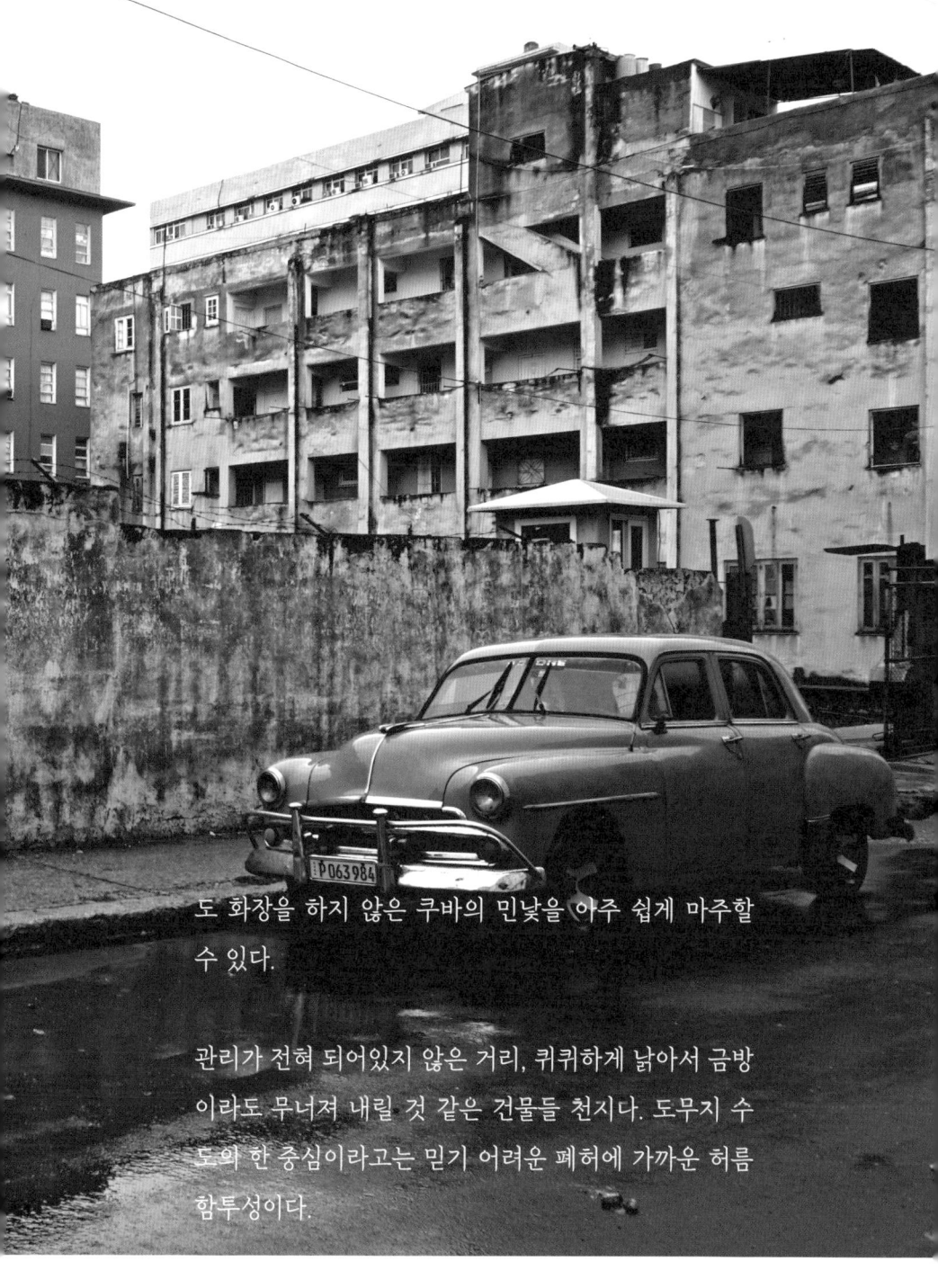

도 화장을 하지 않은 쿠바의 민낯을 아주 쉽게 마주할 수 있다.

관리가 전혀 되어있지 않은 거리, 퀴퀴하게 낡아서 금방이라도 무너져 내릴 것 같은 건물들 천지다. 도무지 수도의 한 중심이라고는 믿기 어려운 폐허에 가까운 허름함투성이다.

결국은 자기 배만 채운 '혁명가'라 쓰고 '독재자'라 읽히던 자들과 경제적, 정치적 고립으로 어쩔 수 없이 낙후되어 "나라 전체가 방치된 것, 방치된 허름함"이 바로, 쿠바의 민낯, 쌩얼이다.

이것이 내가 본 하바나였고 현재의 쿠바이기도 하다.

그 낙후함은 하바나 곳곳에서 쉽게 발견할 수 있는데, 하물며 하바나를 조금 벗어난 곳은 두말 할 나위도 없다. 경제가 어려워지면 립스틱 매출이 늘어난다는 말처럼 낙후된 건물을 개보수할 여력이 부족한 이들이 적은 비용으로 건물을 꾸밀 수 있는 가장 효율적인 방법은 페인트칠이 아니였을까라는 생각이 들었다. 타고난 음악적 재능처럼 색채에 대한 천부적인 기질이 현재의 하바나를 만들었을지도.

어쩌면 우리는 '화장발'에 속고 있었는지도 모른다. 그런데 그런 화장조차 하기 힘든 이들이 많아 보인다. 상업적 용도의 건물들, 혹은 대로변의 보여지기 좋은 곳들만 눈가림식 칠을 하고 꾸며놓은 느낌이랄까.

우리나라에서 레트로 감성과 추억을 담은 '응답하라 시

리즈'가 큰 인기를 끌었었다. 소환된 과거들은 꽤나 큰 반향을 불러일으켰고, 몇 세대에 걸친 시리즈까지 나왔었다. 과거를 추억하고 회상함에 있어 그것이 즐겁고 행복하려면, 그 전제는 그때보다 나아진 현재가 존재해야 함이 아닐까. 비참한 현실에서 떠올리는 행복했던 과거의 소환은 추억이 아닌 씁쓸한 회상일 뿐이지 않을까 싶다.

쿠바는 '응답하라 1968'이 아닌 '지속의 1968'이다.

쭈~~욱.

하바나의 뒷 골목을 걸을 때 두려워 마시라.

허름하고 때론 으슥하고 기괴하며 곧 무너질 것 같은 그곳은 무서운 슬럼이 아닌 있는 그대로의 하바나이니까.
하바나 중심가 아파트처럼 보이는 집에서 노인이 계단을 청소하고 있다. 노인에게, "와!.. 사진이 정말 쿠바처럼 나와요. 그냥 이대로 쭉 고치지 말고 살아주세요."라고 말한다면 빗자루로 처맞지 않을까?

오랜만에 어릴적 살던 동네나 추억이 서린 곳을 갔을 때, 예전 모습을 찾기 어려울 만큼 변해 버린 그곳을 보며 서운함과 아쉬움을 느껴본 적 있을 것이다. 그런 아쉬움으로 인해 변하지 말기를 바라는 욕심은 매를 부르기도 할 것이다. 자신은 도시의 비싼 아파트에 살면서 잠시 놀러 온 시골에서는 '공기 너무 좋다.', '나도 이런 데 살고 싶다.', '아 여기는 개발이 안 되고 그대로 있으면 좋겠다.'는 즉흥적 부러움을 담은 일종의 반자본주의적 멘트를 날리는 만행을 저지르는 것 같은 경우 말이다. 물론 스스로 그런 마음을 가지는 자연인들도 있겠지만, 하여튼 이런 멘트를 하는 이들이 현지 인들에게 예뻐 보일리 없다.

오바마가 쿠바와 교류를 풀려는 제스처를 취했던 적이 있다. 아마 미국의 제재가 풀리는 순간, 쿠바는 우리나라 재건축하듯 금세 바뀌지 않을까 싶다. 다행히도 그 시도는 무산되었고, 쿠바는 아직 그대로이다. 여행자의 이기로 이곳이 변하지 않았으면 하는 욕심이 든다. 단 그들이 덜 고단하고 더 행복했겼으면도 한다.

하늘이 갑자기 컴컴해지며 하바나에 한바탕 스콜이 쏟아진다.

부지런히 걷는 사람,
앉아서 멍히 기다리는 사람,
서서 빨리 그치길 기다리는 사람,
그리고 쿠바 럼을 마시며 그들을 바라보는 사람, 내가 있다.

부품이 없어서일까. 창문도 등도 없이 세워져있다.
결국은 수명을 다한 걸까.
바퀴와 휠을 보면 쓰는 차 같기도 하고...

하바나의 민낯

곳곳의 폐허가 마치 방치된 유적처럼 느껴진다.

하바나의 민낯

전형적인 하바나 뒷골목 풍경이다. 깨끗하고 번듯한 거리도 많지만, 이면 도로나 중심가로부터 한두 골목만 들어가도 분위기가 이렇다. 쓰레기가 꽤나 오래 방치된 듯 보였다. 이 길은 우리나라로 치면 명동의 어느 한 뒷골목 쯤으로 중심가에서 꽤 가까운 곳이었다. 여느 유럽의 고풍스럽고 깨끗한 풍경을 기대한 것은 아니지만, 기대가 너무 컸나 하는 생각이 들었다.
행정력까지 상실한 건가...

사진의 장면이 재미있다. 화려한 호텔 앞을 지나던 오래된 차가 시동이 꺼졌는지 차에서 내려 모두 힘껏 차를 밀고 있다.

저 차가 굴러갈까하는 의문이 들 정도의 차들로 가득하고, 저 건물에 과연 사람이 살고 있을까 하는 의문이 드는 하바나이다.

현실의 결과들이 자본주의, 공산주의, 사회주의와 같은 이데올로기와 체제, 정치적 원인으로 말미암은 것이라는 사실이 아이러니하다. 부의 양극화가 자본주의의 가장 큰 문제라지만, 잔재한 공산주의 국가의 대부분은 국민이 가난한 현실이 되고 말았다. 꼭 공산주의, 사회주의는 아니더라도 독재를 경험한 대부분 국가 의 독재자들과 그들의 이너서클은 가난하지 않았다.

그들이 명분으로 내세운 이데올로기들도 결국 하나의 독재나 지배의 수단일 뿐이지 않았나 싶다.

무덤 속 마르크스가 본다면 무슨 생각을 할까?

하바나의 민낯

또 다른 하바나 뒷골목의 한 풍경이다. 단수가 되었는지 노인과 부녀자들이 급수차에서 물을 받고 있다.

한 무리의 젊은이들이 한껏 멋을 내고 시내 중심가로 놀러 나가고 있다. 세계 어디를 가든 젊음이란 같은 걸까.

경비원인 듯 보이는 사람이 낡은 건물 앞을 지키고 앉아 있다.

난간에 기대선 소년이 당돌한 표정과 눈빛으로 카메라를 응시하고 있다. 사진을 찍고 손을 흔드니 꽤나 근엄한 손짓으로 응수를 한다. 저 꼬마는 커서 무엇이 될까. 혁명의 후예가 될까. 하바나 거리의 호객꾼이 될까.

흔치 않은 동양인을 봐서 그런지 꼬마 녀석들은 카메라를 즐거워 한다. 창가에서 손을 흔드는 피부색이 완연히 다른 두 녀석이 다정해 보인다. 수백 년의 식민 지배, 격동의 몇 세기를 지나는 동안 원주민과 노예, 신세계를 찾아온 탐험가, 점령자, 환락을 찾아온 관광객 등 여러 인종의 피가 모두 섞이고 또 섞이기를 반복하였을 테니 쿠바에서만큼은 인종 차별이 없을 기란 생각을 했있다.

정말 그랬으면 좋겠다.

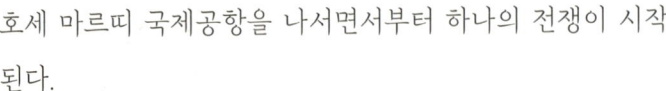

호세 마르띠 국제공항을 나서면서부터 하나의 전쟁이 시작된다.
이 사소한 전쟁은 하바나를 돌아보는 내내 이어진다. 바로 호객꾼과의 전쟁이다.
뻔뻔한 협상들, 능란한 속임수, 어김없는 나의 패배.

대개의 관광객이라면 공항에서 짐을 찾고 나와 숙소로 향할 리무진이나 저렴한 대중교통을 찾는 것이 일반적이다.

하바나에서 나의 첫 숙소는 에어비앤비를 통해 예약한 곳이었다. 지금 돌이켜 생각해 보니 에어비앤비가 되었다는 것 자체가 얼마나 감사한 일인지... 그들과 인터넷으로 메시지를 주고받을 수 있었음에 감사한다. 쿠바 대부분의 숙소는 호텔 앱이나 에어비앤비를 이용해 예약할 수 있다. 그런데 문제는 로밍도 되지 않고 와이파이도 이용하기 쉽지 않은 쿠바 내에서 상황이 확 달라진다는 것이다. 그 흔한 공항의 무료 와이파이도 없었다. 당시가 2016년이니, 어마한 옛날이라 지금은 상황이 어떨지 모르나, 내가 돌아본 쿠바에는 기대를 접길 권한다. 가보면 이해할 것이다.

호세 마르띠 공항의 풍경이다. 빨간색이 꽤 인상적이다. 짧은 치마를 입은 검색대의 보안 요원이 라라 크로포드를 연상시킨다. 이때까지만 해도 쿠바에 제대로 잘 온 듯 싶었다. 경찰이나 보안요원, 거리의 퇴근하는 간호사 등 여자들의 스타킹이 꽤나 화려하고 야했었다. 제복을 입은 상태에서 가장 적은 비용으로 멋을 낼 수 있는 방법이어서 그랬을까. 아무튼, 우리나라와는 사뭇 다른 분위기다. 역시 중남미는 중남미인가 보다. 아 참, 공항은 참 소박했다.

쿠바에 입국하기 전, 공항에서 숙소까지 갈 대중교통 편을 물었더니 "없다."라는 게 에어비앤비 호스트의 답이었다.

그리고 강력하게 추천(이라 쓰고 강매라고 읽는다.)한 것이 택시보다 저렴히다는 지신들의 픽업이었다. 혹시나 하며 구글링을 해

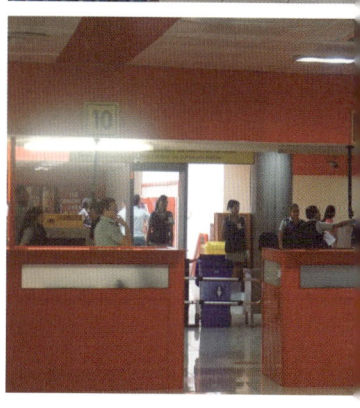

전쟁, 협상 그리고 패배   39

공항 근처 길가에 늘어선 사람들의 정체는 나중에 알게 되었다.
버스? 택시를 기다리는? 노노…

보니 호세 마르티 국제공항에서 첫 숙소인 꼬히마르로 가는 대중교통은 실제 없었다. 아니 국제공항에 대중교통이 없는 게 말이 되는가? 여정의 시작이니 그냥 편히 가자는 마음에 에어비앤비 호스트에게 픽업을 요청했다.

공항을 나서자 벤치에 앉아있던 무서운 아저씨들(물론 나도 아저씨지만)이 득달같이 달려들며 '딱씨 딱씨'를 외친다. 쿠바 출신 UFC 선수 요엘 로메오 같은 느낌의 아저씨들이다. 밤이었다면 내돈 주고 셀프로 대리 기사라도 해야 할 것 같은 강력한 비주얼들 이시다.

딱 봐도 택시 기사 제복을 입은 아저씨가 그들에게 뭐라 뭐라 소리치며 능숙하게 내 캐리어를 낚아챈다. 나는

40   쿠바는 정말 아름다울까

다급하게 내 몸통을 셀프로 찌르며 "픽업 픽업 윌 컴"을 외친다. 택시 기사는 못내 아 쉬운 마음인지 내 캐리어 손잡이를 쉽게 놓지 못하며 "베리 칩, 베리 굿"을 반복한다. 픽업 기사가 오기까지 수많은 택시(사실 다 승용차들) 기사들에게 끊임없이 시달려야만 했다. 사실 그때는 이정도의 호객행위야 뭐 그냥 그러려니 했다. 하바나 시내를 돌아보기 전까지는. 그냥 그러려니…

에어비앤비 호스트 아줌마의 남편은 허름한 소형 자동차로 픽업을 나왔고 꽤나 선심을 쓴 듯하며 4만 원 정도의 요금을 받았다. 나중에 여행하며 깨달았지만, 그 정도면 쿠바 일반 노동자들의 월급에 1/4~1/5에 가까웠다. 아… 호객꾼 아니 갑과의 전쟁이 시작된 것이다.

우리나라로 치면 명동거리쯤으로 볼 수 있는 오비스뽀 거리를 걷다 보면 본격적인 전쟁이 시작된다. 이곳의 핫 플레이스 정보는 바람직한 블로그나 여행 책자에서 충분히 정보를 얻을 수 있을 테니 넘어가겠다. 유명하다는 주요 관광지, 식당, 환전소, 기념품 판 매점, 춤 교습소, 거리의 예술가 등이 모여 있어 여행자들이 찾는 일번지이다. 그만큼 호객꾼 역시 많다!

두리번거리며 거리를 걷다 보면 어느 틈엔가 내 발걸음을 맞춰 걸으며 "굿 씨가 나이쓰 씨가, 베리 베리 칩"의 찰진 호객 랩을 하는 청년 두엇이 붙는다. "노 씨가 노 따바꼬"라며 담배를 피우지 않는 시늉을 하면 역시나 준비된 삐기답게 "굿 프레젠트, 굿 기프트"라고 받아친다. '아.씨.가!'라고 받아치고 싶었지만, 사겠다는 말로 오해할까 봐 못했다. 보기보다 쫄보다. 수십 미터를 근성 있게 따라 오더니 나보다 돈이 많아 보이는 외국인을 발견했는지 아니면 포기한 것인지 그제야 귓가에서 씨가 소리가 사라졌다.

씨가 삐끼들이 사라져 잠시 조용해진 듯하지만, 금세 "굿 레스토란테, 나이스 레스토란테"를 속삭이는 삐끼가 붙는다. 불룩한 배를 가리키며 배가 부르다고 물리치는 것도 잠시 거리를 걷는 동안 몇몇 레스토랑 삐끼들이 나를 영접했다.

씨가와 레스토랑 삐끼에 이어 "까사, 구뜨 까사"를 속삭이는 숙소 알선 삐끼들이 붙었다. 아쉽게도 여행 전, 어느 블로그에서 본 '치카 치카'를 속삭이는 삐끼는 만나보지 못했다. '치카'는 아가씨를 뜻한다고 했다. 못생겨서 그런가. 돈이 없어 보여서 그랬나 아니면 둘 다인가. 삐끼한테도 무시당한 건가 젠장. 얘들도 사람 보는 눈은 있나 보다.

이런 호객행위들이야 그냥 무시하면 그만 아니냐고 할 수 있다. 그들에게는 생계와 생존이 걸린 문제겠지만, 한가롭게 걸으며 도시를 만끽하고자 하는 여행자에게는 심히 말하면 모기나 파리 같은 존재가 아닐까 싶다.

여행을 준비하며 정보를 찾다 보면 하바나 삐끼에 호갱 당한 한국 여행자들의 분기탱천한 글을 심심찮게 발견할 수 있을 것이다. 이탈리아도 심하지만, 다른 여러 여행지에도 종종 심한 호객행위가 있다. 하지만 하바나는 참 다양하고 꽤나 집요했다. 일자리가 적거나, 돈벌이가 되는 일이 별로 없어서 그런지도 모르겠다. 아니면 다른 일에 비해 수익이 좋거나.

삐끼가 많아 성가시기는 해도 오비스뽀 거리에서는 소소한 재미를 느끼며 걸을 수 있다.

선글라스에 페도라까지 쓴 개는 꿋꿋하게 동전이 들어 오길 기다리고 있다. 동전이 놓이면 어떤 액션을 할까 궁금하다. 아마도 사업주(?)는 저 뒤편 어딘가에 편안 히 앉아서 근무 감시를 하고 있겠지?

온몸에 인형이 연결된 악사의 연주가 꽤 흥겹고 재미 있다.
왼발에 연결된 인형은 트라이앵글 같은 소리를 내고, 오른발로는 쿠바 전통 악기 마라카스 소리를 낸다. 머리 위 개구리 인형도 한몫 거들며 합주에 참여한다.

전쟁, 협상 그리고 패배

거리의 행위 예술가는 아이템을 잘못 잡지 않았나 싶다. 제법 무거워 보이는 대포를 끌고 그늘을 따라 움직이는 듯 보였다. 가뜩이나 더운 날씨에 딱 봐도 두꺼워 보이는 옷과 분장이라니....

강아지의 수입보다는 많이 버시길..

그 후로도 내내 지나는 각종 택시(올드 카, 택시, 꼬꼬 택시, 자전거 택시) 그리고 그냥 지나가는 차까지 계속 '딱씨' 소리를 귀에 딱지가 앉게 들으며 하바나를 구경해야 했다.

헤밍웨이의 단골집이라 유명해진 한 술집 앞에 각양각색의 택시가 줄지어 있다. 계란 모양의 꼬꼬 택시가 재미있다. 씨클로, 올드카 택시가 보인다.

전쟁, 협상 그리고 패배

하바나를 이삼일 돌아보고 나니 대략 도시가 파악되었고, 거리도 어느 정도 가늠할 수 있게 되어 시내를 돌아본 후 숙소까지 걸어 다닐 수 있게 되었다. 하루는 조금 많이 걷기도 하고 피곤해서 방파제를 따라 직신으로 2Km 정도 떨어진 숙소까지 택시를 잡으려 했다. 멈춰 선 택시에 바로 타지 않고 목적지를 말하고 가격부터 물으니 기사는 "베리베리 칩"을 외치며 30 꾹(1cuc는 1유로 정도 된다)을 불렀다.

이런, 나를 호구로 보시는 호기로운 양반이 아닐 수 없다. 하바나 시티 투어라도 시킬 셈인가. "투 익스펜시브" 하며 바이바이의 손짓을 보내자 "투엔티"를 외친다. 그냥 무시하며 걸으니 걸음을 따르며 창문 밖으로 "텐"을 외친다. 오래지 않아 파이브를 외치는 택시 옆으로 어느 틈엔가 다가온 푸른 차 한 대가 "쓰리"를 외쳤다. 아! 거부할 수 없는 자본주의 목소리 "쓰리".

그냥 승용차였다. 대단하지 않은가? 실시간 경매와 수수료 없는 우버 시스템이랄까. 진정한 창조경제가 아닐 수 없다.

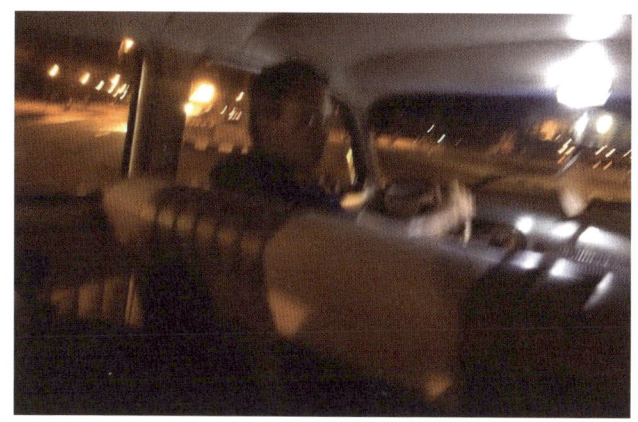

운전자의 포스에 카메라가 흔들렸다.

쓰리를 외친 차를 타고 나니, 어마어마한 할인을 외치던 택시가 쿨하게 지나가 버렸다. 만약 우리나라였다면, 내 물고기 낚아챈 것에 쌍시옷이 난무하는 육두문자 랩을 날렸을 텐데... 쿨하다.

흥정이 어느 정도 통하는 동남아나 중동 지역에서도 나름대로 흥정을 잘해왔다고 자부했는데, 막상 되돌아보니 꽤 잘 당해왔던 것 같다는 현타가 온다.

뭐니 뭐니 해도 중요한 당신의 머니에 도움이 될, 꼭 일러두고 싶은 것이 하나 있다. 쿠바는 통화 단위가 두 가지이다. (CUC, CUP, 구글링하시길) 내국인은 주로

CUP를 쓰는데 가치는 외국인이 환전하는 CUC가 25배 정도로 가치가 높다. 그래서 만약 시장이나 저렴한 물건을 살 때 영어가 안 되는 척하면서 손가락으로 다섯 개를 가르치면 5 CUC을 줄 수도 있다. 5 CUP를 부른 건데 5 CUC를 낸다면, 200원짜리에 5천 원을 내는 경우가 된다. 종종 외국인에게 악용하기도 한다. 나도 한번 당한 후로는 철저하게 확인하고 돈을 내 거나 물건을 샀다. 과일이나 저렴한 현지 음식, 간식 등의 물가는 상상도 못하게 싸기도 하다. 호구 잡히지 말고, 혹은 그들을 시험에 들게 하지 말고(적은 돈을 불렀는데, 태연히 큰돈을 내는 경우 그들은 이걸 어쩐다 하며 순간 시험에 빠질 수도...) CUC 를 내도 잔돈은 대개 CUP로 주니 두 돈을 따로 분리해 넣어 관리하며 쓰는 걸 추천한다. 돈도 비슷하게 생겨 은근 헷갈리니 주의 하시길.

자고로 여행에서 가장 중요한 것은 바로 먹는 것 아닌가! 쿠바에서 몇 번 당한 것이 있다. 퀴즈다. Cerdo, Res, Pollo, Langostar 이것을 위 음식 사진에 매치시켜보시라. 스페인어를 어느 정도 안다면 큰 문제가 안 되겠지만, 영어랑 전혀 다른 메뉴 이름 때문에 가끔 문제가 되기도 한다. 돼지고기, 소고기, 닭고기, 랍스터이다.

어느 레스토랑에서 음식과 음료를 주문했는데, 처음 메뉴판에서 봤던 것보다 결제 금액이 조금 더 나온 기분이 들었던 적이 있다. 대수롭지 않게 생각하고 그냥 팁이나 세금이 추가됐나 하고 넘겼는데, 다음번 레스토랑에서도 같은 상황이 일어났다. 이상하다 싶어 계산서를 달라고 하여 보니 난 분명 닭 요리와 맥주, 그리고 칵테일을 시켰는데 먹지도 않은 요리가 계산서에 포함되어 있었다.

웨이트리스를 불러서, '이거 아냐' 하며 하나하나 짚어 주니 미안하다는 말 한마디 없이 엄청 시크하게 계산서를 낚아채 가서 다시 계산서를 뽑아 온다. 쿨한 언니들이다. 요놈 봐라. 안 당하네? 한 놈만 걸려라가 아니고 한 놈한테는 걸렸네랄까.

예전 상하이 신천지의 어느 분위기 좋은 펍에 가서 맥주를 몇 잔 먹고 현금으로 계산을 했는데, 잔돈을 턱없이 모자라게 가져다준 적이 있었다. 그래서 영수증을 달라고 하니 먹지도 않은 술이 들어 있었다. 그걸 지적하니 시크하게 다시 계산서를 뽑아오는데 지적한 걸 빼고는 먹지 않은 다른 술을 계산서에 슬쩍 넣었다. 쿠바보다 한 수 위다. 다시 지적하고 기다려도 잔돈을 안 주길래 다시 불러서 잔돈 달라고 하니, 이런 거렁뱅이 같으니라고 하는 눈빛으로 잔돈을 준다. 아… 역시 스케일이 다른 대국이다. 저렇게 고급지게 꾸며놓고 눈탱이를 치신다.

특히나 여행 초기라면 환율과 물가에 대해 잘 모르기에 더 속기 쉽다. 그 후에도 두어 번 비슷한 경험이 있고 난 뒤로는 식당이나 술집에 가면 주문 내역을 꼭 일일이 확인한다. 여러 명이 많은 메뉴를 주문할 경우라면 필히 체크해 보시길 권한다. 대개 한국인들은 밥을 다 먹고 계산을 하기 위해 카운터로 가는데, 쿠바에서는 자리에서 계산서를 달라고 해서 체크해보길 권한다.

라꾸엔따 뽀르빠보르 (계산서 주세요.)

한가한 듯 웨이트리스가 망중한을 즐기고 있다.
사람이 풍경이 되고 풍경이 사람이 된다.

와이파이를 찾아서

4년여가 지난 지금은 어떨지 모르지만, 쿠바의 IT 인프라는 상상 이상이었다. 몇 군데서나마 인터넷이 된다는 그 자체로 감사해야 한다고 해야 하나. 현재도 크게 개선되었으리라는 기대는 하지 않는다. 왜? 어떻게 그리 확신하느냐고? 직접 가보시면 이 뻔뻔한 확신을 이해할 수 있을 것이다. 너무 비약하는 것처럼 보일 수도 있겠지만, 우리나라로 치면 서울과 부산을 잇는 번번한 고속도로 하나 없는 그들이 IT 인프라를 그리 빨리(?) 발전시켰을 리 만무하기 때문이다. 쿠바는 기본 인프라가 엄청나게 낙후된 곳이다.

쿠바에서 와이파이를 쓰려면 큰 호텔이나 전화국 같은 곳에서 옛날 우리나라 공중전화카드처럼 생긴 한 시간짜리 인터넷 이용 카드를 사서 사용해야 한다. 단, 조건이 또 붙는다. 무선 인터넷을 쓸 수 있는 AP(Access Point)가 도시의 중심인 광장이나 큰 호텔 주변에만 있기때문에 그 주변에서만 인터넷을 사용할 수 있다. 그래서 신호가 센 곳을 수맥 찾듯 찾아다녀야 한다. 사람들이 벽에 몰려 붙어 휴대폰을 보고 있거나, 앉아서 노트북을 하고 있다면, 그곳은 인터넷이 될 확률이 꽤 높다. 사진 속 사람 들은 와이파이 신호가 센 호텔의 벽에 붙어서 인터넷을 사용하는 모습이다.

우선 인터넷 사용 카드를 어디서 사야 할지부터 막막할 것이다. 그럴 땐 벽에 붙어 서 있는 사람들에게 가서 인터넷 카드를 어디서 살 수 있는지 물어보는 게 가장 효율적이다. 물어보는 건 공짜!

여행자 티가 확 나는 동양인은 고급 호텔 로비를 드나듦에 자유롭다. 경비원 눈치 보지 말고 당당히 들어가 로비의 편안한 소파에서 시원한 에어컨을 쐬며 인터넷을 이용할 수 있다. 커피도 비싸지 않으니 즐겨볼 만하다. 큰 호텔에선 인터넷 사용권을 판매 하기도 한다. 깨끗한 화장실은 덤이다. 화장실 앞에 종종 팁을 요구하는 접시가 있거나 돈을 받는 청소부가 있을 수도 있다. 급하지 않아도 깨끗한 곳이 있을 때 가시길..

쿠바에 간다면 우리에게는 '당연한 것들'을 기대하지 마시길 권한다. 공항에 내려 무료 와이파이로 구글링을 하면 되지, 숙소나 카페 같은데서 무료 인터넷을 쓰면되지 라는 생각을 하고 있었다면 당장 넣어두시길, 당연히 나도 그랬었다.

대신 와이파이를 쓸 수 있는 호텔, 광장 등에서 인터넷이 접속된다면 구글 오프라인 지도를 다운로드해 두거나 캐시를 해 두는 것이 그나마 도움이 되긴 한다.

까사나 호텔, 리조트에서 당연히 무료 와이파이나 인터

넷이 되리라는 기대는 하지 않는 게 좋다. 그나마 호텔은 인터넷이 되는 곳이 좀 있었다. 4년이 지난 지금 하바나라면 개선이 되었을지도 모르지만, 그 외의 지방 도시는 기대조차 하지 않는 편이 좋다.

이후의 글을 보면 충분히 예상되리니... 최근 쿠바를 다녀간 사람들의 글을 찾아보니 4년전과 마찬가지로 저 인터넷 접속 종이 쿠폰을 사기 위해 오른쪽 사진처럼 땡볕에서 한 시간씩 줄을 서서 겨우 샀다는 후기를 봤다. 혹시나 했는데 역시나..

우리나라로 치면 우체국이나 국영 통신회사 같은 느낌의 곳에서 인터넷 사용권을 구매할 수 있다. 종이로 된 인터넷 사용권은 멋지다. 봉인을 벗겨내면 접속 아이디와 패스워드가 적혀있다.

카드에는 인터넷의 바다로 나갈 수 있는 멋진 범선이 떡 하니 그려져 있다. 넷스케이프가 생각난다. 이거 알면 찐 아재.

이렇게 인터넷을 사용 할 수 있는 통신회사도 그나마 큰 도시에나 가야 볼 수 있었고, 당시 나는 내비게이션 하나 없이 물어물어 찾아 돌아다녀야 했다.

저 건물 내부 한편에는 피시방처럼 돈을 내고 컴퓨터를 사용하는공간이 있었는데, 빈자리가 없을 만큼 인기가 좋다. 혹시 컴퓨터 수업 중인가 하고 쓱 보니 그건 아닌 것 같았다.

바꾸어 생각해보면 쿠바는 온라인이라는 연결의 족쇄에서 벗어나 온전히 여행에 집중할 수 있는 '오롯한 자유의 공간'일 수도 있겠다. 카톡 1의 지옥에서 진정으로 벗어날 수 있을지도... 지나친 정신 승리인 걸까.

처음엔 꽤나 불편하더니 나중엔 오히려 편해지더라.

그림자 속의 쿠바

쿠바 하면 생각나는 사람이 누구냐는 질문을 한다면 아마도 대부분은 체 게바라와 헤밍웨이를 떠올릴 것이다.

쿠바를 여행하다 보면 우리나라 북쪽의 김일성 가문의 영정처럼 도시 곳곳, 거리 곳곳에 도배된 이들을 만나게 된다. 쿠바의 국부 호세 마르띠, 쿠바의 상징 체 게바라, 현대 쿠바를 아주 우려먹은 피델 카스트로가 바로 그들이다. 그들의 우상은 쿠바 곳곳에 여전히 가득하다.

도시 곳곳, 관공서, 건물의 벽 등에서 저분의 얼굴을 심심찮게 볼 수 있다. 호세 마르띠를 굳이 비유하자면 쿠바의 독립을 위해 노력한 김구 선생 혹은 조지 워싱턴 쯤 되는 인물이라 보면 된다고 한다. 쿠바의 독립운동을 이끈 문학가로 지폐에도 등장한다. 쿠바를 여행하게 되면 이 분을 많이 마주치리라.

역사적 지식은 위키피디아나 네이놈에게 넘겨주고, 이 문학인의 시 'Guantanamera'에 곡을 붙인, 마치 바의 아리랑

같은 음악이 있다. 종종 쿠바의 추억이 떠오르거나 다시 쿠바를 다시 느끼고 싶을 때, 쿠바 전역을 돌며 프로 및 아마추어 뮤지션들이 참여 해 만든 'Playing for change - Guantanamera'라는 음악을 듣는다. 음악 자체로도 멋지고 중간중간 쿠바의 풍경과 분위기를 느낄 수 있다. 유튜브에서 꼭 감상해 보시길 권한다.

누가 뭐래도 쿠바 하면 떠오르는 이미지는 체 게바라이다. 체 게바라는 여전히 쿠바는 물론 세계적으로 상품성 좋은 영웅이기도 하다. 수려한 외모와 사심 없는 혁명가의 모습, 자국이 아닌 타국에서 혁명에 투신한 사람인데다 잘 생기기까지 했으니 얼마나 많은 사랑을 받았겠는가… 역시 뭘 해도 잘 생겨야 하나 보다.

쿠바를 둘러보면서 느낀 것은 여전한 영웅의 우상들, 여전히 유효할지는 모르겠는 프로파간다의 그림자와 잔재들 그리고 부재한 새로운 영웅과 혁명의 씨앗이었다. 어찌 보면 이 강력한 히어로들의 이미지가 쿠바의 우상이 되어 쿠바 자체를 우물 속에 가둬 버린 것은 아닌가 하는 생각이 든다.
식민 지배, 독립운동, 내전, 혁명, 냉전, 미국과의 대립과

제재, 공산주의의 몰락, 그리고 반세기 넘는 독재까지 이어진 총체적 난국으로 쿠바는 외톨이 섬이 되어 죽어가고 있는 것 같다. 체 게바라의 혁명 동지 피델 카스트로는 무려 50년 넘게 쿠바를 독재했고, 현재는 그의 동생 라울이 쿠바의 대장이다. 그 이유 때문일까? 현재까지 쿠바는 말라비틀어져가고 있다.

마약보다 중독이 강한 게 권력의 맛이라 했던가. 악명 높은 독재자들도 그 시작은 나름 순수한 동기와 국민을 위하는 마음이었다. 그들은 엄청난 지지와 박수를 받았었지만, 역시나 박수칠 때 떠나는 것은 참 힘든 일인가 보다.

미국이라는 자본주의 타노스에 의해 몰락한 것인지, 혹은 독재로 인해 스스로 사그라진 현재의 그들이 그리워하고 갈망할 수 있는 건 옛 영웅, 그들뿐 아닌가도 싶다.

어마어마한 크기의 하바나의 혁명광장, 체 게바라가 혁명의 진군을 시작했다는 산타클라라 그리고 방방곡곡 구석구석에 자리한 그들의 우상이 지금은 어떤 의미일지, 여전히 유효한 프로파간다 일지, 그저 잔재하는 구시대의 유물인지, 현재를 버티는 과거의 향수인지 모를 일이다.

너무나 걸출한 영웅들 탓이었을? 한때는 혁명의 영웅이었지만, 변절하고 타락해버린 독재자가 새로운 혁명의 싹을 아예 잘라내서일까, 어찌 보면 지금 쿠바는 혁명의 DNA가 거세된 무기력한 일개미 집단이 되어버린 것 같다.

쿠바 혁명이 시작된 Santa Clara 길목의 체 게바라

아니면, 막연하게 체 게바라처럼 그들을 구하기 위해 재림할 히어로를 기다리고만 있는 것은 아닐까?
문득, 그들에게도 촛불이 타오르는 혁명의 날이 올까 하는 생각이 든다. 서울 광장을 메우는 하나하나의 작은 촛불들, 그 불빛이 이룬 강물을 이들이 보았으면 어땠을까도 궁금하다.

쿠바 이곳저곳을 돌아다니다 보면 한 가지 재미있는 것이 있다. 관공서든 가정집이든 우리나라 북쪽의 김씨 가문이나 아랍의 호메이니 가문처럼 초상들이 걸려있다. 호세 마르띠와 피델의 초상은 많이 볼 수 있는 반면, 체 게바라의 초상은 보기 쉽지 않았다.

쿠바 혁명의 성공 후 피델과 체 게바라는 불화를 겪었다고 한다. 온전한 독립체제(미국이나 소련 등으로부터의 정치, 경제적인 자립)를 원한 체 게바라, 소련의 지원을 받아 정권의 존위를 유지하고자 한 피델, 그들은 결국 대립하고 결별한다. 피델의 축출인가? 김구 선생과 리승만이 스친다. 정사는 아니다. 내 얕은 추측일뿐. 지극히 개인적인 느낌으로 체 게바라와 피델 카스트로의 관계는 모차르트와 살리에르 같지 않았을까. 체 게바라가 국민들 사이에서 인기가 많았다고 한다. 인간이라는 것이 질투의 존재인 것은 당연하다. 체 게바라는 새로운 혁명을 위해 아프리카로 떠났다가 그곳에서 생을 마감하게 된다. 역시 잘난 것들(?)은 욕심까지 없나 보다. 체 게바라의 Che는 '친구'라는 뜻이라니 그들에게 어떤 존재였는지 쉽게 짐작할 수 있다. 체 게바라가 사라지고 쿠바를 독점한 피델 카스트로의 입장에서는 그의 흔적을 지우는 게 당연 하다 싶기도 하다.

과거 혁명 초기에 붙잡혀 '역사가 나를 무죄로 하리라'라는 유명한 법정 최후 진술을 남긴 피델은 역사는커녕 얼마 지나지도 않아 이미 민중과 세계로부터 유죄를 받은 듯하다. 최근에 어느 전직 대통령이 제 말인 양, 저 문구를 가져다 똑같이 쓰던데 독재자 혹은 범죄자의 단골 멘트가 되려나.

얼마나 미국에게 강력한 완빤치 쓰리강냉이를 날리고 싶었으면 이런 선전물을 아직도 교차로 잘 보이는 곳에 걸어놨을까.

혁명광장에 있는 의사당 건물에는 체 게바라와 혁명동지 시엔푸 에고스의 얼굴이 크게 장식되어 있다.

"*Hasta La Victoria Siempre* - *영원한 승리의 그날까지*"
- *체 게바라*

"Vas Bien, Fidel- 잘하고 있어, 피델"
- 씨엔푸에고스

체 게바라의 현신일까.
뒷골목을 어슬렁거리다가 퇴역한 상이용사로 보이는 듯한 이가 카메라에 들어왔다.

근사한 베레모와 체 게바라가 인쇄된 티셔츠를 입고 훈장은 아닌 것 같지만 잔뜩 멋을 내 붙인 배지들.

문득 궁금해졌다. 그도 혁명을 함께 꿈꾸며 투신했었을까?
그가 꿈꾸던 혁명의 세상이 지금일까? 독재로 돌아선 옛 동지에게서 배신감을 느끼진 않았을까? 다시 혁명을 꿈꾸진 않을까?

사라진 영웅, 변절한 독재자와 영웅의 나라.
혁명의 동지들이 가난한 반세기를 살고 있는 나라.
가난과 궁핍 속 민중이 있는 나라.

그들이 가지고 있는 영웅들의 이미지가 태양이라면, 현실은 떼려야 뗄 수 없이 발에 붙어 있는 그림자가 아닐까.

혁명의 출정지는 성지가 되어 관광객들을 외곽 도시로
까지 불러 모은다. 부조로 표현된 저 혁명의 동지들은
어떤 삶을 살았을까.

러시아도 그렇고 쿠바
도 그렇고 광장의 크기
가 어마어마하다. TV에
서 만 보이던 열병식에
서 탱크와 미사일 자랑
을 해야 하기 때문일까?

체 게바라의 등 뒤로 보이는 엄청나게 큰 광장에는 혁명에 참여한 동지들로 가득했으려나.

광장을 지키는 군인과 함께 사진을 찍었다. 5월과 6월 사이 쿠바의 한낮 태양은 뜨겁기만 하다. 그래서 그런 걸까. 우리나라 8~90년대의 방위 복 느낌이 나는 군복을 입은 군인은 나무 그늘을 찾아 보초를 서고 있다. 나름 유연 근무 체계인가보다. 쿠바에는 아직 방위가 있나?

그림자 속의 쿠바

쿠바는 정말 아름다울까

산타클라라 혁명광장에 체 게바라가 우뚝 서 있다.
혁명 출정일에도 그의 하늘은 저리 청명했을까.

그림자 속의 쿠바

쿠바 혁명의 세 주역 앞으로
낡은 자동차 한 대가 지나가고 있다.
그들이 꿈꾸었던 세상이 이랬을까? 말을 좀 해보시오.

그들을 말레꼰으로 간다

하바나 외곽, 바다가 맞닿는 곳에 하바나 사람들이, 관광객들이 가장 좋아하는 방파제 말레꼰이 있다. 쿠바를 방문하는 사람치고 말레꼰을 가지 않은 사람은 없을 것이다.

말레꼰은 미군정 시절 미군들이 그들의 바다 접안을 용이하게 하기 위해 만든 길게 뻗은 방파제로 얼핏 제주항 근처의 방파제와 별다른 바 없는 밋밋하고 삭막한 콘크리트 방파제일 뿐이다.

쿠바를 배경으로 한 대부분의 영화, 드라마, 뮤직비디오에는 말레꼰이 등장한다. 심지어 얼마 전 드라마에서 배우 박보검이 말레꼰을 배경으로 멋진 장면을 찍었더라. 젊은 남자 배우가 자유롭게 쿠바를 여행하던 예능 프로그램에서도 말레꼰은 빠지지 않았다.

패완얼, 사완얼이라 했던가. 말레꼰에 앉아 모로 요새를 배경으로 인생의 사진을 한 장 건진 자로서 할 말은 아니지만, 사실 말레꼰은 어마어마한 풍경은 아니다. 그런데도 멋지고 낭만적이다.

며칠 아침저녁을 말레꼰에서 어슬렁거렸었다. 대개 그

쿠바는 정말 아름다울까

시간의 말레꼰은 낚시꾼들의 차지다. 10여 킬로미터 가까이 될 듯한 기다란 방파제에는 낚시꾼들이 마치 거리두기를 하듯 적당한 거리에 서서 낚시한다. 뭐라도 잡히긴 할까 궁금해 한참을 그들의 곁에 머물며 구경을 했다. 대개 낚시꾼들이 그러하듯이 고기는 바다에 넣어 둔 채, 빈 고기 통만 가지고 있다.

다행히 초점이 뒤로맞았다.

자전거 택시 영업은 미뤄둔 채 깡통을 매단 최첨단 알 람 낚시를 하는 아저씨가 궁금해서 다가가 보았다. 관심을 보이는 나에게 유창한 스페인어로 설명을 한다.

스페인어는 전혀 모르지만, 대충 보니 소라 껍데기 안에 미끼와 바늘을 숨겨 물고기를 유인하는 듯했다. 고기가

물면 깡통이 흔들려 떨어지는 일종의 최첨단 알람 시스템이 된다.
하여튼 아무리 고기가 바보래도 저걸 물을까 싶었다. 고수와 승자는 나름의 비법이 있는 것인가?

쿠바 사람들의 전형적인 옷차림이다. 쿠바에는 새까만 흑인부터 백인까지 다양한 피부색이 있는데 대체로 까만 피부가 많다. 사람들은 친근하며 미소를 잘 짓는다.

반복적으로 힘찬 캐스팅을 하는 젊은 강태공들 사이에서 낚싯대도 없이 두루마리 깡통 낚싯줄로 큰 물고기를 낚은 아저씨가 의기양양하다.

해가 질 무렵이면 선선한 바닷바람과 물들어가는 노을

60센티는 되어 보이는 물고기. 비법이라도 배워올걸.

로 가득한 말레꼰에는 한가로이 낚시하는 낚시꾼들, 그들을 구경하는 여행자들, 그리고 여행자를 구경하는 현지의 사람들 사이로 즐거운 긴 장이 흐른다.
밤의 말레꼰 풍경이다.

시원한 바닷바람을 즐기러 온 가족, 친구들, 데이트를 나온 커플들, 헌팅을 나온 것으로 보이는 무리, 할 일 없는 사람들, 그리고 관광객으로 수 킬로미터의 그 기다란

방파제는 빈틈도 없이 채워진다. 방파제를 따라 걸으며 사람들을 구경하지만, 정작 구경 당하는 것은 '나' 라는 느낌이 들기도 한다.

간소한 간식을 챙겨 소풍처럼 나온 사람들, 작은 카세트 라디오를 틀어 놓고 춤을 추는 청소년들, 잔뜩 멋을 내고 주변을 살피는 청년들로 가득한 말레꼰은 우리의 여름철 여느 해변이나 한강과 비슷한 분위기다. 부족한 글 대신 사진 몇 장을 보탠다.

말레꼰은 핫플레이스임이 분명하다. 나름 한껏 멋을 낸 젊은이들이 슬슬 작업 거는 모습도 보이고 나름의 즐거운 시간을 보내지만, 반면 '돈을 쓰는' 소풍의 느낌은 전혀 느낄 수 없다. 음료나 술 을 마시는 사람도 거의 찾아보기 힘들 정도다. 어찌 보면 그냥 알 일 없이 빈둥거리

는 느낌이랄까. 돈 안 들이고 그냥 빈둥거릴 수 있는 곳, 그냥저냥 시간을 보낼 수 있는 곳이 말레꼰인듯 싶었다.

병맥주를 마시고 있으니 한 무리가 다가와서 안 된다는 듯 말을 한다. 미국 거리에서처럼 술을 마시면 안 되는 걸까? 그 무리에 둘러싸여 어디서 왔냐는 등 이야기를 나누고 있으니 또 방위 군복 같은 제복을 입은 사내 몇 명 다가온다. 도대체 정체가 뭐여.

친절한 쿠바 청년 무리는 얼른 병을 감추라는 듯 신호를 보낸다.
그리고 나를 에워싸주는 친절까지. 결국 그들의 눈에 띄었고 '나는 전혀 몰랐어.'의 제스처를 보내고 청년 무리가 뭐라 뭐라 하니 "노 보 뜰, 노 글라스 보뜰" 하며 와칸다 포에버 포즈를 해주고 떠난다. 말레꼰에서는 유리병은 안되나 보다. 안전의 문제일까.
여하튼 그 맥주를 다 마시고 다시 캔 맥주를 사서 들고

오는 걸 청년 무리가 보더니, 엄지를 척 세워 보인다. 몇 캔 더 사다가 함께 나누어 마실 걸 그랬나.

음악이 나오면 0.1초 만에 하바나를 출 것 같은 쿠바 언니들과 잠시 인사를 나눈다. 옷차림이 음...미녀 둘과 함께 낚시 온 저 남자는 무슨 능력자일까. 부러우면 지는 거다.

얼핏 보아 시작 된 지 얼마 안 되어 보이는 커플이 말레꼰에 걸터 앉아 데이트를 즐기고 있다. 어찌 아냐고? 스킨쉽이 없자네.

멀리 모로 요새가 보이는 말레꼰은 여러 모로 그들에게 소중한 공간 인듯 하다. 물론 여행자에게도.

한바탕의 소나기로 그득했던 사람들은 홀연히 사라지고 말레꼰은 잠시의 휴식을 얻는다.

노점의 소년도 이제는 휴식의 시간이다.
수레가 가벼워졌기를.

그들은 말레꼰으로 간다

차량이 향하는 방향으로 엄지손가락을 치켜들거나, 종이 쪼가리 등에 자신의 목적지를 휘갈겨 써 자신이 원하는 공간 언저리로 공짜 이동을 시켜줄 은인을 찾거나, 영화에선 멋진 다리와 미끈한 뒤태를 보이며 소기의 목적을 달성하는 근사한 여행 방법의 하나인 히치하이크. 그 낭만적 여행 방법인 히치하이크는 쿠바 전국 어느 길이나, 특히 교차로 같은 곳에서 흔히 볼수 있는 모습이다. 하지만 그 실상은 우리가 생각하는 것처럼 낭만적이지 않다.

하바나의 대중교통 수단인 시내버스는 그 시스템이 잘 되어 있는 듯하다. 몇 정거장 가는 버스 요금이 100원 정도였으니, 아주 저렴한 수준이었다. 다른 교통수단인 지하철이나 트램은 당연히 없고, 앞서 말한 각종 택시가 지천이다. 그러나 하바나 시내를 벗어나는 순간, 당신은 마법을 경험하게 된다.

마치 영화 백투더퓨처나 인터스텔라처럼 내가 타임슬립을 한 건 아닐까 싶은 풍경이 눈 앞에 펼쳐진다.
퀴즈이다. 이곳은 언제? 어디일까?
하바나에서 자동차로 20분 정도나 벗어났을까. 교외 벌

판을 지나쳐 작은 시골 도시(마을)처럼 보이는 곳을 들어선 순간, 나타난 풍경이다.
왈더... 그곳에는 사진에 보이는 마차들이 즐비했다.
저곳은 이 마을의 터미널이었다. 마차 택시 그리고 자전거 택시까지 가득 찬 비포장의 도로라니 하바나도 21세기에 맞춰 발전된 곳은 아니긴 했지만, 이건 좀 충격적이지 않은가. 고작 2~30분쯤 벗어났을 뿐인데...

뜬금없이 서부영화에서나 본 듯한 풍경이 펼쳐진다. 도로는 비포장으로 바뀌고, 차선은 당연히 없으며 소와 말이 끄는 마차가 거리를 점령하고 자전거 택시가 양념처럼 섞여 있다.

갑자기 30년, 아니 6~70년을 타임슬립을 한 듯한 기분이 든다. 그나마 이곳은 터미널 근처라 고급 진 말과 택시가 많은 것 같다.

경제가 어려운 동남아에서도 도심을 벗어난 외곽은 초라하고 남루하다. 그래도 이 정도는 아니었던 듯하다. 적어도 그들은 마차 보다는 진화한 오토바이를 탄다.
쿠바 일주를 하면서 신기했던 것 중 하나는 달리는 기차나 비행기를 전혀 보지 못한 것이다.
미디어에서 보던 쿠바의 낭만, 춤, 올드카와 여유로움이 허상처럼 느껴지는 마치, 외국 전원일기를 보는 듯한 풍경이 쓰나미처럼 다가오자 솔직히 당황스러웠다.

도시를 조금만 벗어나도 쿠바는 그냥 자연의 모습이다. 소들이 길을 점령하고 비포장도로가 펼쳐진, 드문드문 자동차도 보기 힘든, 뭐랄까... 형용할 수 없는 낯선 시간과 공간으로 빠져든 기분 이다.
컨테이너 박스를 짐칸에 달고 있는 사진 속 차가 버스인 듯했다. 박물관에나 있을 법한, 폐차장에서도 이미 3~40년 전에 사라졌을 트럭, 삼륜차, 트랙터, 요상하게 개조된 각종 하이브리드(?) 트럭 등이 대중교통수단으로 이용되고 있었다. 행선지 표시도 없는데 어찌 타고 다닐까? 라는 생각이 든다. 아마도 주요 지점과 마을을 모두 거치는 게 아닐까 싶다. 혹은 플렌테이션 농장 같은 곳의 셔틀(?)일지도 모르겠다. 가뜩이나 더운 나라인데 저 안에서 어찌 견딜까..

쿠바는 대중 교통망이 제대로 되어 있지 않은 듯했다. 우리나라의 시외버스라든지, 마을버스 같은 것도 보기 힘들었다. 뭐 하나 제대로 된 걸 찾기 어려운 나라이다. 쿠바에서는 길이 나뉘는 교차로마다 사람들이 도열해서 히치하이크를 한다. 퇴근길인 것 같은 사람들도 지나는 차를 향해 손을 뻗는다.

쿠바는 차가 지나가면 일단 손을 들고 보는 곳인가 보다.

이런 대중교통 시스템을 이용할 자신이 있다면 대중교통을 통한 쿠바 여행도 괜찮으려나. 나라면 못할 것 같다. 길에서 대부분 시간을 버리고, 미아가 될 것도 같다. 배낭여행을 한다면 저런 걸 얻어 타고 다녀야 할까.... 미안하다. 그대의 배낭여행 의지를 꺾어서.

렌터카를 빌려 자유여행을 하며 주로 아이를 안은 엄마나, 어린이, 혹은 아주머니, 할아버지들 태워 줬었다. 미녀이면 좋았으련만, 미녀들은 손을 들고 있다가 내 얼굴을 보곤 팔을 내렸다. 못생겨서라기보단 말이 안 통할 것 같은 동양인 이어서 그랬을 거다. 분명 그 이유일 것이다. 그들은 내리면서 고이 접은 돈을 성의로 내밀었다. 아마 이들이 타려는 트럭이나 히치하이크도 어느 정도의 사례를 하고 타는 듯 보였다.

그들의 삶 속으로, 그들과 부대껴 보고 싶다면 차를 렌트해서 쿠바를 여행해보는 것도 꽤 좋은 경험일 것 같다. 당신은 어디에서 나 쉽게 히치하이커를 태울 수 있고 (더구나 골라서), 마음을 먹는다면, 그들의 종착지에 함께 머무르며 어울릴 수도 있을 것이다.

아! 십 년만, 아니 20년만 젊었어도.... 아니다, 돌이켜보

면 20대 때도 별일 없던 걸 보니 나이는 문제가 아닌 것 같다.

아래 사진을 보면 검은 옷을 입은 남자가 팔을 벌리고 있고, 군인은 뭐가 반가운지 양팔을 벌려 인사를 한다. 교차로마다 저리 사람들이 있다. 버스 정거장 표시는 당연히 없다.

하바나의 버스터미널이다. 인터넷 예매는 당연히 안 되고 직접 가서 사야 한다. 표가 많지 않아서 미리미리 표를 사야 한다고 한다. 사진을 잘 보시면 우리나라와 가장 다른 모습이 하나 있다. 무엇 일까? 정답은 휴대폰을 보는 사람이 아무도 없다.

트럭을 개조한 버스다. 에어컨 같은 건 당연히 없다. 봤던 대중교통수단 중에 나름 엄청나게 좋았던 축에 속한다.

우리나라로 치면 부산쯤인 도시 산티아고 데 쿠바에서 버스다운 시내버스를 타 봤다. 버스가 많지 않아 서인지 싸서 그런지, 아니면 두 가지 이유 모두에선지 사람이 아주 많았다. 역시나 에어컨은 없다.

마을 길뿐만 아니라 웬만한 도로, 심지어 고속도로에도 저런 마차나 말이 사람을 태우고 자연스레 다닌다. 물론 자동차도 많고 오토바이 같은 것도 많지만, 주를 이루는 것은 말과 소를 이용한 교통수단이다. 쿠바의 기름값은 우리나라와 비슷한 수준이지만, 자동차를 유지하는 비용 또한 넉넉지 않은 그들에겐 부담일 것이다.

천혜의 좋은 날씨로 이곳저곳에서 잘 자라는 신선한 풀을 연료 삼는 말이 가장 효율적인 이동 수단임은 분명하다.

두 마리 말이 끄는 쌍두마차는 본 기억이 없는듯하다. 대부분 한마리 말이 끄는 마차가 대부분이었다. 말 그대

로 1마력의 엔진을 쓰는 공평한 사회주의, 공산주의인가 보다.

인민의 페라리, 민중의 머스탱을 감상하시라.

쿠바는 정말 아름다울까

속옵저버까지 갖춘 마차가 산티아고 데 쿠바 시내를 가로지른다.

쿠바인의 다른 이름, 히치하이커

쿠바의 주요 도시들을 일주하면서 몇몇 사람들을 태워 주었다. 남자 둘 이상은 위험할 것 같아서 태우지 못했고, 주로 아이를 데리고 있던 엄마나 노인들을 태웠다.

히치하이커를 몇 번 태워 주면서 좀 황당함을 느낀 점이 있다. 쿠바의 지방 도로는 소실점이 보이는 직선의 도로가 많다. 아마 공산 국가라서 도로망 정비를 할 때 사유지 매입이 필요 없어서 쉬웠나 하는 생각도 든다. 끝도 없이 직선으로 뻗은 도로를 달리다 보면, 어김없이 길 한 편을 걷고 있던 사람이 뒤돌아 팔을 뻗으며 히치하이크를 시도한다.

대략의 목적지 방향을 말하면 맞는다며 차에 탄다. 하긴 그 직선의 도로에서 목적지가 뭐가 중요할까. 대략 1~2 킬로미터 정도 가면 내려달라 할 줄 알고 계속 눈치를 살피는데, 2~30킬로를 가도 그냥 디렉또(직진)이란다. 이 먼 길을 걸어가려고 했던 것인가.
그렇게 한참을 가다가 "아끼 아끼"하는 소리를 한다. 나중에 무슨 뜻인지 찾아보니 '여기'라는 뜻이란다. 영어가 전혀 안 되고 나도 스페인어를 전혀 못 하니 운전하는 동안은 어색한 침묵 아니면 어색한 웃음과 눈짓, 손짓이 넘나들 뿐이다. 한적한 외곽에 버스가 있을리 만무했겠지만, 대체로 최소한 3~40분을 달려 내려주곤 했다.

차에 타 있는 동안 약간 불안해 보이거나 어색했던 그들은 안전하게 목적지에 다다랐다는 안도감에서인지 감사해서 인지 여지없이 헤어질 땐 밝은 미소로 손을 흔들어주었다.

해가 저물어 갈 무렵 즈음 외진 산길을 걸어가던 사진 속 할아버지는 거의 30킬로미터가량을 달려 내려 주었다. 비포장의 험준한 길이니 브레이크를 자꾸 잡지 말란 뜻인지 뭐라 뭐라 위험하다는 듯 조언도 하셨다. 물론 스페인어로. 히치하이크를 못 했다면 어찌 되었을까. 농장에서 일하고 오시는 듯 보였다. 할아버지는 엽서를 써 달라는 말인지 한참을 하소연하듯 말씀을 하셨는데 알아들을 수 없음이 아쉬웠다. 한참 손을 잡아주시던 할아버지는 마치, 고향 집을 떠나올 때 우리네 어른들처럼 오랫동안 서서 손을 흔들어 주셨다.

혹시 당신이 렌터카 여행을 하는데 누가 히치하이크를

시도한다면, 당신이 제압할 수 없는 대상들은(남자들, 혹은 무서운 누나) 가급적 조심하라고 말하고 싶다. 나도 무섭게 생기긴 했지만, 소심한 편이라 그런 사람들은 피했다. 조심해서 손해 볼 일은 없다.

들판을 걷던 아주머니를 태워 주다가 혹시 근처에 식당이 있냐고 물으니 자기가 집에서 밥을 해주겠다 하여 집에 따라 들어갔다. 아주머니는 밥에 샐러드, 닭고기 요리를 해 주었다. 그들의 소박한 집밥을 경험한 듯하다. 요리하는 아주머니 사진을 찍는데 정수기의 로고가 심상치 않아 가까이 보니 코리아 킹이다! 당최 쟤는 어떻게 저기까지 갔을까? 정수기에 써진 꼬레아를 보고 반가워하는 나를 보더니 꼬레아 남바 원 이란다. 허 이거 참.

쿠바인의 다른 이름, 히치하이커

아줌마 집은 비포장도로의 시골 마을에 있었다. 작은 집이었지만, 나름 깔끔하게 리모델링한 것 같다. 동네에 어울리지 않는 차가 있어서 그런지 지나던 사람들이 뒤돌아본다.

그냥 얻어먹기 미안해 우리 돈 5천 원 정도를 주었더니 아줌마가 너무 놀라 눈물까지 글썽인다. 리조트에서 일 하시는데 하루 일당 정도라고 했던 것 같다. 집 밖까지 나와 손을 흔들며 배웅을 한다.

혹 다시 쿠바를 가게 돼서 아주머니 집을 불쑥 찾아간 다면 놀라시겠지? 유럽 자전거 여행을 할 때, 네덜란드 에서 공짜로 술 얻어 마셨던 아저씨들의 차고를 몇년 후에 불쑥 찾아가 놀래켜 준 적이 있었다.
아이폰 사진의 위치 정보를 찾아 몇 년 만에 불쑥 방문 한 것이니 그들이 얼마나 놀라고 반가워하던지... 여행 했던 곳을 다시 가게 될 때 해볼 만한 깜짝 이벤트 중 하 나이기도 하다.

카리브해의 해변은 정말 아름답다.
하늘빛과 구분되지 않는 에메랄드빛 바다. 쿠바 해변을
따라 여행하면 이런 해변이 지천일 것만 같았다. 그런데

쿠바는 정말 아름다울까

이 역시 하나의 환상에 불과하다는 걸 깨닫는 데는 오래 걸리지 않았다.

쿠바의 바다

쿠바에 도착한 첫날, 헤밍웨이가 주로 낚시를 하던 곳이라던 꼬히마르에 숙소를 잡았다. 부푼 기대를 안고 바다로 나갔는데, 바다는 나의 부푼 기대와 달리 너무 더러웠다.

한 소년이 쓰레기가 가득한 얕은 바다로 들어가 투망질로 물고기를 잡아내고 있다. 기대가 너무 컸던 것일까. 아름다운 에메랄드 빛 해변이 펼쳐질 줄 알았는데. 헤밍웨이, 이 냥반 참.

쿠바의 바다

근사한 해변이 있을 거란 기대를 품고 해안 도로를 따라 꽤나 싸돌아다녔다. 하지만 그런 해변을 찾기는 쉽지 않았다. 아름다운 해변에는 어김없이 국가에서 운영하는 리조트가 세워져 있고, 그들에게 독점되어 있었다.

예쁜 바다는 부자들과 외화벌이에 빼앗긴 채, 현지인들은 사진에서처럼 구름다리를 놓아 해수욕을 즐기고 있었다. 마땅히 씻을 곳도 없고 서둘러 렌터카를 반납해야 했기에 같이 놀자는 그들의 손짓에 응할 수가 없었다.

살짝 아쉽다. 솔직히는 좀 많이 아쉽다. 미녀들과 함께 물놀이 할 수 있는 기회였는데…

이 근사한 사진의 숨은 이야기는 이렇다. 그들의 바다는 가깝지 않다.

산타클라라의 한 리조트 해변에서
예쁜 바다와 소녀를 찍었다.
우리가 상상하던 바로 그 '쿠바'의 바다이다.

쿠바의 바다　　　113

쿠바에서의 한류

전 세계에서 한류가 난리다. 싸이를 필두로 BTS는 전 세계를 점령 해버렸다. 과연 쿠바에는 한류가 있을까 궁금하지 않으신가.

쿠바의 최남단 산티아고 데 쿠바의 거리를 걷다 보이는 한글에 깜짝 놀란 적이 있다.

히트했던 한국 드라마는 물론, 나도 들어본 적 없는 한국 드라마란 드라마가 모조리 있었다. 잘 보면 천국의 계단도 있다. 신기한 것은 일본이나 중국 것은 없고, 오로지 한국 콘텐츠만 가득했다.

매대를 빼곡히 채우고 있는 모든 것이 한국 드라마이다. 어마어마한 한류이다. 여기서 합법 불법을 따지는 것이 무슨 의미랴. 여하튼 놀라운 광경이다. 이렇게 컬러 프

린트한 커버만 길가에 전시해 놓고 손님을 끌고 있다. BTS를 세운 게 아미라던가.

아, 세계 어디나 소녀팬들이 가장 중요하다 했던가. 마침 한국 드라마 시디를 사서 나오는 소녀팬들을 한 컷 찍었다.

누구를 좋아하냐고 물으니 발음도 아주 정확하게 "이.민.호 짱!"이란다. 잘생긴 건 만국 공통으로 통하나 보다. 못생긴 것도.

렌트한 차에 USB가 안 돼서 음악을 못 듣던 차에 마침 잘 됐다 싶어 혹시 한국 노래를 살 수 있나 들어가 보았다. 기대는 기우에 불과했다. 나름 최첨단의 시스템으로 음악을 다운로드해서 그 자리 에서 바로 커버를 포함한 CD를 1유로에 구워 준다. 아, 위대한 어둠의 경로여. 토렌트 개발자에게 노벨상을 줘야 한다.

한국에서도 아이돌 노래를 듣지 않았었는데, 난생 첨 들어보는 온갖 아이돌 노래를 쿠바에서 들었다. 2 NE1, 포미닛, 소시, 빅뱅 정도는 알겠는데, 뭐가 그렇게 다양하고 많은지... 진짜 아재다. 삼촌 팬도 못 되는...

쿠바에서의 한류

사장 아저씨는 연신 "꼬리아, 남바 원"을 외쳤다. 그럴 수밖에.

산타루치아의 밤 해변에 누워 별을 보고 있을 때, 옆 리

조트에서 우렁찬 선창과 떼창의 강남스타일을 듣기도 했으니 실로 한류가 세상을 덮긴 했나 보다.

쿠바에서의 또 다른 한류는 한국 자동차이다. 동남아도 그렇고 전 세계를 일본 차들이 점령한 것은 외국을 좀 나가본 사람은 누구나 아는 사실이다. 소형 혹은 중고차의 경우는 일본 차의 점유 율이 꽤 높다. 그런데 쿠바에서 차를 렌트하면서 새로운 사실을 알게 되었다. 일본 차보다 상대적으로 저렴해서 그런지, 중국차는 품질이 나빠서인지 한국 차가 최고라고, 중국차보다 더 비싸게 받았다. 그 안목을 인정하며 기꺼이 렌트를 해주지.

여행하기 전, 쿠바에서 렌터카를 예약하려고 몇 군데의 홈페이지를 들어가 보니, 다들 풀 부킹이라고 예약이 안 된다는 것이다. 에어비앤비 호스트에게 혹시 렌터카를 어디서 구할 수 있겠냐고 물었더니, 바로 전화 한 통화로 차를 잡아주었다. 아! 동네 이장님 포스가 느껴진다. 쿠바에서 차량 렌트를 하려면 숙소 주인들에게 미리 부탁하는 것도 하나의 방법일 듯하다.

쿠바의 렌터카들은 온라인상에선 풀 부킹이라고 하고, 실제 도착해서 차를 렌트할 때면 어쩔 수 없이 비싸게 요금을 받는 것 같았다. 카드도 안되고 현금 보증금을 걸고 종이에 수기로 차를 렌트 를 했다.

차를 빌리며 렌터카 사장이 몇 가지 주의 사항을 알려주었는데,
첫째, 경찰이 차를 세우더라도 그 경찰 옆에 경찰차가 없으면 멈추지 말라 했다. 진짜 경찰이 아니라는 이유였었다. 내 참.
둘째, 위반하거나 단속을 당하여 진짜 경찰에게 걸릴 경우 계약서와 함께 5천 원 정도를 내밀라고 했다. 그러면 그냥 보내준다고. 아... 우리나라도 전에는 그랬다지.

쿠바에서의 한류

셋째, 혹시라도 경찰이 차로 따라오게 되면 그냥 도망가라고. 너 차가 훨씬 좋아서 못 따라온다고. 환상적인 주의 사항이 아닐 수 없다.

쿠바에서의 운전은 그리 어렵지 않다. 대부분의 도로에는 차가 별로 없고, 공산주의 국가답게 대부분의 길은 쭉쭉 뻗은 직선 도로이다. 대신 우리나라 경부고속도나 1번 국도 정도 되는 큰 도로 중간중간이 비포장이거나 패어있고, 오토바이도, 마차도 함께 달리며, 종종 자전거도 보이는 황당한 경우만 조심하면 된다.

나의 쿠바 일주를 훌륭히 도와준 늠름한 기아 모닝(현지명 피칸토) 다음엔 미리 협찬 이메일 이라도 보내고 가야 할까 싶다. 관계자 여러분의 후원을 격하게 받고 싶습니다.

경찰들이 무언가 단속을 준비하고 있다. 이 들을 발견했을 때 나는 과연 저 오토바이가 모닝을 따라 올 수 있을까라는 생각이 먼저 들었다.
잘 포장된 도로도 많지만, 도시를 벗어나면 진흙 길, 마른 흙길, 시멘트 길이 많다. 사진에서처럼 소실점이 보

이는 쭉쭉 뻗은 길이 많아 운전하기는 수월하다. 맨 위 우측 사진은 우리로 치면 1 번 국도나 경부고속도로쯤 되는 길인데 나라가 넉넉하지 않아서 인지 다 패이고 관리가 전혀 되어 있지 않다. 오프로드 체험 도로 인가 싶다.

가로등도 없으니 밤에는 더욱 조심해야 한다. 멋진 해변이 있을 거라는 생각에 해안선을 따라 들어갔던 길에서 바위가 흘러내려 아찔했던 적도 있다. 낙석이나 펑크를 걱정하며 조마조마하게 길을 지났다. 돌아갈 수도 없고, 누굴 부를 수도 없고.

결국 사고가 터지고 말았다. 외진 시골길을 달리다 못을 밟았는지 펑크가 나버렸다. 20년 가까이 운전을 했지만, 펑크가 나본 적은 손에 꼽고, 펑크가 났어도 보험을 불러 처리하곤 했었으니, 예비 타이어를 직접 교체하는 것은 마치 그림 그리는 밥 아저씨가 말하는 "참 쉽죠"와 같은 상황이었다. 아저씨가 그림 그리듯이 참 쉬

웠으면 좋았으련만, 볼트는 도무지 풀리지 않고 낑낑거리고 있었다. 사실 어느 방향으로 돌려야 하는지도 헷갈리고 몰라서 아무 방향으로 돌리느라 용을 썼다. 유튜브 검색이라도 되었다면...

마침 운 좋게 트럭이 지나가길래 대뜸 손을 흔들어 도와 달란 시늉을 하니 흔쾌히 내려 도와준다. 덕분에 손수레 바퀴 같은 예비 타이어로 교체에 성공할 수 있었다. 쿠바에 가기 전 미국을 들렀 을 때, 혹시 모를 상황들에 대비해 사둔 담배가 빛을 발한다. 도와준 고마운 아저씨에게 정열적인 빨간색의 미제 말보로 두 갑을 내밀었더니 고마워한다. 한 보루의 담배는 이런저런 도움을 받거나, 부탁할 때 답례 혹은 뇌물로 요긴하게 쓰였다. 말로만 고맙다고 하는 건 아무 의미 없다. 뭐라도 손에 쥐여줘야 한다.

감사의 표시는 현금 혹은 현물로 해야 한다. 손편지 혹은 말로 적당히 때울 생각은 하지 마시라. 삶의 진리다.

트럭 아저씨에게 물으니 다행히 멀지 않은 마을에서 펑크를 수리할 수 있다고 한다. 그런데 일러준 마을을 몇 번 왔다 갔다 해도 좀처럼 정비소로 보이는 곳을 찾을 수가 없었다. 마을 끝까지 가서 물으면 뒤로 가라 하고, 다시 끝까지 가서 못 찾고 물으면 다시 뒤로 가라고 하고. 정비소가 무슨 파랑새도 아니고..

결국 찾아냈다. 정비소다. 브라보! 간판도 번듯하게 있다. 오... 플랫 타이어?? 펑크난 타이어를 말하는 건가. 일단 가본다.
여기서 정말 정비가 될까 싶었다. 자전거 펑크라면 모를까...

구릿빛 피부와 근육, 때 묻은 벽, 낡은 기계들,
고흐의 그림 같은 신발, 불화하듯 조화하는 형광 바지.
모든 것이 설정된 세트처럼 완벽하다.

쿠바는 정말 아름다울까

늘 그렇지만 사진은 우연과 순간이 만들어주는 것이다.
인물과 소품의 조화가 패나 근사했다.

Cuba 쿠바에서 먹고 마시고 잠자기

여행에서는 무엇인가 보는 것도 중요하지만, 더 중요한 것이 먹고 마시고 잠자는 것이다. 쿠바는 술의 천국이다. 몰디브 가서 모히토 한 잔이라는 유명한 영화 대사에 나오는 모히토는 쿠바를 대표하는 칵테일이고 헤밍웨이가 반해서 하루에 몇 잔씩 꼭 마셨다는 다이끼리, 쿠바 리브레, 그리고 각종 저렴한 술들이 지천이다. 물론 저렴 한 럼주 위주이지만. 게다가 사면이 바다인 이 섬나라는 저렴한 해산물 요리를 비롯해 치킨과 소, 돼지 요리 등 우리 입맛에 맞는 다양한 음식이 술을 부른다. 술은 내 여행의 주요 이유 중 하나이다.

의외로 쿠바에는 맥주가 몇 종류 없다. 캐러비안의 해적인 듯 보이는 해적이 그려진 부까네로라는 맥주와 크리스탈이라는 맥주가 시장을 점유한 듯 보였다. 카스트로 지분이 있나?
쿠바에 도착한 첫날 숙소 근처 식당에 갔는데 맥주는 딱 이 두 가지 뿐 이었다. 비싸서 수

입하지 않는 것일까?

미국의 제재로 맥주 수입이 막혀있나? 아니면 카스트로의 조카나 자식 누군가에게 두 맥주회사에 지분이 있는 걸지도. 음모론자다운 발상이다. 혹시 모르는 일이다. 내 추측이 사실일 수도... Who Knows?

돼지 만(Bay of pigs)에서 스킨 스쿠버를 하러 갔을 때 처음 보는 쿠바 맥주를 먹었다. 우리나라 지역 막걸리 같은 걸까? 아니면 인기 없는 소규모 맥주였을까? 깔끔하게 먹을 땐 크리스탈, 약간 센 맛은 부카네로가 좋았다. 스페인어로 맥주는 '세르베짜'이다.

식당에서 맥주 한 병은 대략 2~3천 원 정도였고, 캔 맥주는 마트나 슈퍼에서 1CUC(1,300원) 정도였다.

전 세계적으로 인지도를 가진 쿠바의 술은 럼주인 하바나 클럽이다. 한 마트의 진열장에 하바나클럽이 사열을 받듯 오와 열을 맞추어 정렬되어 있다. 누군지 모르겠지만, 우리나라 편의점에서 알바하면 이쁨 받을 것 같다.

사탕수수 플랜테이션이 많은 쿠바답게 사탕수수로 만들어지는 럼이 술의 주류를 이룬다. 럼은 위스키에 비해 상대적으로 저렴한 술에 속한다. 럼은 달콤하지만 깡술(?)로 먹기에는 좀 버거운 술이기도 하다. 그래서 럼을 좀 편하게 먹고 더 많은 소비를 위해 럼을 베이스로 하는 다양한 칵테일들이 탄생한 게 아닐까 싶다. 마케팅 전공자의 순수하고 어설픈 짐작이다.

쿠바 하면 늘 따라오는 헤밍웨이. 그가 즐겨 찾았다는 술집 라 플로리디따에는 술을 고래처럼 마셨다는 그의 동상이 바 한구석에서 손님마냥 버티고 서 있다.
관광객들은 그와 사진을 찍고, 더는 술을 마실 수 없는 그는 사람들을 구경하며 서 있다.

얼음을 믹서에 갈아 샤베트처럼 만들어진 쿠바를 대표하는 칵테일 중 하나인 다이끼리이다.

헤밍웨이는 하루에 몇 잔씩 이 술을 꼭 마셨다고 한다. 쿠바의 더위에 어울리는 칵테일이다. 다이 끼리는 빨갛게 나오는 곳도 있고 이렇게 파랗게 나오는 곳도 있었다. 바텐더 마음인가.

바텐더가 만드는 걸 어깨너머로 훔쳐보고 한국에 돌아와서 하바나 럼으로 만들어보니 그럭저럭 비슷한 맛으로 만들어 낼 수 있었다. 음주계의 문익점이랄까.

모히토와 더불어 쿠바의 칵테일로 유명한 쿠바 리브레이다.

리브레! 자유! 이름부터 마음에 든다. 쿠바 혁명 때 만들어졌을까 아니면 자유를 바라며 만들어진 것일까? 일반 럼콕과 다르게 라임의 상큼한 향과 콜라의 톡 쏘는 맛, 럼의 달콤하면서도 알큰한 맛을 즐길 수 있다.

칵테일의 장점은 독한 술을 달콤하고 부드럽게 마실 수 있다는 것이지만, 그 부드러움에 속아 훅 갈 수도 있다.

쿠바에서 먹고 마시고 잠자기

칵테일 사준다는 오빠는 조심하길. 농담이다. 그리고 진담이다.

누구나 다 안다는 그 유명한 칵테일 모히토다. 우리나라에서 먹는 모히토가 더 고급져 보이는 건 기분 탓일까. 그래도 본토 원조집에서 먹어 봤음을 위안 삼기로 한다.

음식이 마치 제사상 산적 같은 느낌이다. 넉넉하게 많은 양이 참 맘에 든다.
헤밍웨이 덕분에 술집은 관광객으로 바글거린다. 로열티, 모델료

없이 꿀 빠는 가게임이 분명하다. 권리금은 얼마나 될까. 인수하고픈 의지가 불타오른다. 그런데 미녀들은 없고, 유럽에서 온 듯 보이는 노인들과 아재들로만 가득하다. 실망스럽다. 인수할 생각이 싹 사라진다. 비지니스와 로맨스의 간극은 꽤 크다.

현재의 쿠바를 먹여 살리고 있는 헤밍웨이 흉상이 꼬히 마르 바다를 바라보고 있다. 노인과 바다는 그가 쿠바에서 지낼 때 집필했다고 한다. 헤밍웨이가 쓴 작품 중 끝까지 다 읽은 유일한 작품이다. 이유는 얇아서. 물론, 읽은 척을 위한 유명한 작품 몇몇 제목과 줄거리는 대충 알고 있다. 지적 대화를 위한 얕고 얕은...

말레꼰 근처 루프탑 클럽이 보여 궁금함에 들어가 보았다. 카밀라 카베요의 뮤직비디오를 상상하며, 내심 그런 분위기를 기대하고 들어갔는데, 역시나 현실은 월드컵 우승한 날의 콜라텍 같은 분위기다. 말 그대로 난장판, 아수라장, 이판사판이다.

흥이 넘치는 쿠바인들답게 미친 듯이 놀아 재낀다. 도무지 정신을 붙잡기 힘들 정도의 마치, 이박사 리믹스를 3배속으로 튼 것 같은 어마하게 빠르고 정신없는 노래가 시끄럽게 쏟아져 나온다.

섹시하고 멋진 여인들의 모습을 기대한 나의 안구에는 아저씨들의 질펀한 엉덩이와 리드미컬하게 꿀렁거리는 뱃살만이 들어온다. 갑자기 쿠바가 슬퍼졌다. 한국에서도 클럽에는 못 가는 나이인데 웬 객기를 부렸나 싶다.

10유로 정도의 입장료가 아까워서
좀 더 버텨보려 했지만, 내 인내심의 한계는 5분이었다. 역시 인간의 욕심은 끝이 없고 그래서 같은 실수를 반복하나 보다. 흐엉. 내가 좀 부지런했다면, 좋은 클럽을 알아내서 물을 좀 흐려주는 건데... 아깝다. 여기도 홍대 클럽들처럼 입구에 가드가 있더라. 입뺀이었으려나.

주말 밤의 홍대처럼 밤의 말레꼰은 한껏 멋을 낸 젊은 이들로 가득하다. 키도 크고 근육이 불룩불룩한 시커먼 형들이 잔뜩 서 있으니 자연스레 움츠러든다. 서로 탐색을 하고 작업을 거느라 꽤 분주하다.
티브이에서 보던 사자와 하이에나, 치타, 톰슨가젤이 가득한 세렝게티의 초원 같다. 저렇게들 열심히 노력하니 인구 절벽으로 인해 쉽게 인류가 종말 하지는 않을 것 같다.

쿠바에서는 작은 식당이나 술집에서도 라이브 연주를 많이 한다. 연주가 쉬는 사이에는 팁을 받으러도 다니고 CD도 판다. 작은 식당에 앉아 여유롭게 캔 맥주나 칵테일을 마시며 라이브 음악을 즐기는 재미도 쏠쏠하다. 돼지만의 작은 펍에서 아일랜드에서 온 커플과 함께 맥주를 마셨다. 이후 아일랜드 여행을 가게 되어 연락해 봤지만 까였다. 아재라서 그런가 보다.

식당이나 술집에는 콘서트장처럼 출연진 사진이 붙어 있다. 스탠딩 개그를 하는 개그맨의 포스터 같았는데, 얼굴로 웃기는 건 역시 세계 공통인가 보다. 잘생긴 형이었는데, 어딜가나 먹고 사는 건 힘들다.

하바나의 명동, 오비스뽀 거리를 걷다 보면 사탕수수를 저런 기계에 넣고 돌려서 바로 즙을 짜서 주스를 만들어 판다.

사탕수수가 널린 나라이니 당연한 컨텐츠이지 싶다. 가격도 싸고 한 번은 먹어볼 만하다. 두 번 먹고 싶지는..

아주 어릴 적 옥수숫대를 껍질을 벗기고 속살을 씹던 맛이 기억이 난다면 아재가 아닌 할아재 같을까? 기억이 나는 걸 어째요.

하바나 시내의 한 푸드코트다. 음식과 음료, 맥주 등을 사서 공용 테이블에서 먹을 수 있는데 음식도 다양하고 가격도 꽤 저렴하다.

길가의 휴게소 같은 곳을 들렀다. 약간 출출해서 커피랑 곁들일 음식을 물으니 참치 샌드위치만 된다고 한다. 시그니처 메뉴인가 해서 시켜서 나온 결과물이다. 멋지게 참담하다. 아니 참담하게 멋지다. 푸석하게 부서져 내리는 바게트에 참치 샐러드를 그냥 퍼 담았는데 가격도 꽤 비쌌다. 어쩐지 주문하는데 당황하더라. 쯧. 휴게소 음식 비싼 것도 세계 공통인가보다.

조각 케이크를 파는 집이 있어 둘러보니 꽤 맛있어 보였다. 총각이 아주 미남인데 터미네이터 T-1000 배우 같은 느낌이 난다. 미남은 늘 부럽다. 보기 좋은 떡이 늘 맛있는 건 아닌 듯하다. 푸

138 　 쿠바는 정말 아름다울까

석한 빵에 그냥 설탕 덩어리였다. 한 개에 1~200원 정도였으니 용서한다.

패스트푸드점의 메뉴판을 보면 햄버거가 1유로 정도이다. 동남아와 비슷하게 쿠바에서도 치킨이나 돼지고기

소고기 요리에는 밥이 함께 나오는 경우가 많다. 메뉴판에는 기본적으로 내국인 통화로 가격이 표시되어 있다. 숫자가 크면 현지 통화일 확률이 높다.
쿠바의 물가는 대체로 싸다. 통화와 영수증을 잘 확인하며 부담 없이 이런저런 음식을 즐겨 보시길.

길가 노점을 구경할 겸 샀던 주전부리들. 나름 맛있게 보여서 이것저것 샀는데 유일하게 넉넉한 자원인 사탕수수 덕인지 그냥 모양만 다르게 낸 설탕 덩어리들이다. 너무 달아서 먹지 못하고 다 버렸다.

버리지 말고 길에서 만나는 아이들에게나 줄 걸 그랬다. 애들에겐 꽤나 호사로운 주전부리였을 텐데 말이다.

쿠바 음식들은 유럽의 음식들과 비슷하게 많이 짜다는 것을 빼고는 대체로 먹을 만하다. 치킨(뽀요)를 고른다면 웬만해서는 실패하지 않을 것이다. 역시 세계 어디를 가나 치느님이시다.

음식의 양도 넉넉하고 샐러드나 밥이 곁들여 나온다. 가격은 6~8천 원 정도였던 것 같은데, 그들의 물가로 보면 아주 싸진 않지만, 여행자에겐 가성비도 괜찮은 한 끼가 될 것 같다. 랍스터는 조금 비싸서 1만 2천 원 언저리였던 걸로 기억한다.

메뉴판에는 친절하게 사진이 잘 들어 있으니 메뉴 주문도 어렵지 않다. 사진이 없어 주문이 힘들 때는 옆자리에서 뭘 먹는지 둘러보고 맛있어 보이는 걸 손가락질해 시키면 된다. 잠깐 쪽팔리면 되는 거다. 여행자이니 너그러이 이해해 줄 것이다.

잘 먹고 잘 자고, 그리고 중요한 게 잘... 하는 것인데, 쿠바 대부분의 화장실에는 변기 커버가 없다. 그 이유는 잘 모르겠다. 까사나 호텔, 리조트에는 영롱한 변기 커버가 있으니 너무 걱정 마시라. 그런데 터미널이나 주유소 화장실, 길가의 공중화장실 같은 곳은 여지없이 변기 커버가 없다. 이제 말하지 않아도 아시겠지만, 엄 청나게 더럽다.

시그니처 샌드위치 휴게소의 화장실이다. 역시나 여기도 변기 커버가 없다. 뚜껑을 말하는 게 아니고 뽀송한 엉덩이가 닿는 그 커버를 말하는 것이다. 그래도 이 정도면 손에 꼽히게 깨끗한 화장 실이다.

아~ 생활에서 스쿼트를 시켜주다니 고마울 수밖에. 식당이나 호텔, 까사의 화장실은 그나마 깨끗한 편이지만, 어쩌다 공중화장실을 가야할 때는 심호흡을 하고 가시길 권한다. 푸세식도 많고 응답을 보는 경 우도 있으니...
Good Luck.

민박 형태의 까사는 저런 문양으로 간판이 표시되어있다

쿠바에서 숙박하는 방법은 호텔, 민박 형태의 까사, 풍경이 좋은 곳 등에 위치한 리조트 등이 있다. 당연하게도 좋은 호텔들은 어마 무시하게 비싸다. 헤밍웨이 양반이 묵었다던 호텔은 여느 서울 호텔 가격과 차이가 없어서 지레 포기했다.

쿠바에도 에어비앤비가 많이 활성화되어 있으니, 그들을 예약해 여행하는 것도 한 방법이다. 그러나 현지에서 인터넷과 내비게이션 없이 그들을 찾아가는 것은 참 막막한 일이다. 그래서 나는 무작정 발길 닿는 대로 돌아다니다가, 도착한 곳의 호텔 혹은 까사의 빈방을 찾아서 묵었다. 마을마다 대부분 몇 개의 까사가 있고, 사진과 같은 간판이 있어 나름 찾기 쉽다.

까사는 20~30유로쯤으로 아주 저렴 하지는 않다. 하바나에서 묵었던 까 사의 거실이다. 정체를 알 수 마네킹이 있어 잠시 놀랐지만, 대체로 깔끔하고 아기자기하게 꾸민 느낌이다. 건물의 외관은 곧 무너질 것처럼 낡았어도 내부는 깔끔하게 잘 꾸며져 있다. 언어 탓인지 호스트는 게스트에게 별 관심이 없어 보였다. 화장실도 따로 있어 독립적으로 편히 잘 수 있다.

하바나 까사의 테라스 공간. 이곳에 앉아 럼을 마시다가 쿠바에서 찍은 사진 중 가장 마음에 드는 비가 내리는 거리의 사진을 찍었다. 술김에..

까사에서는 아침 혹은 저녁 식사를 제공하면서 부수입을 올린다고 한다. 호스트가 식사에 관해 먼저 물어보는 경우, 식사를 팔고 싶은 거다. 한 끼 정도 현지 가정식을 경험해 본다는 셈 치고 먹어 보시기를.

까사나 리조트, 혹은 호텔을 가더라도 침대 매트리스에 대한 기대는 접는 것이 좋다. 비록 저렴하고 나약한 몸뚱이지만 제대로 된 매트리스에 눕길 간절히 바랐었다. 가본 데가 저렴한 곳밖에 없어서 그럴지도 모르

산티아고 데 쿠바의 호텔 로비

지만, 대부분의 매트리스는 흐물거리고, 삐걱거리고, 푹 꺼져 있었다.

역시 비싼 것이 좋다. 이 속된 세상의 진리이다. 숙소도 마찬가지로 호텔이 최고다. 에어컨도 잘 나오고 인터넷도 잘 된다. 나는 숙박이 아닌, 이 두 가지 용도를 위해 호텔(정확히는 로비만!)을 자주 이용했다. 그리고 깨끗한 화장실도. 좀 없어 보이긴 하지만 괜찮다. 없으니까.

호텔 로비를 이용할 때 필요한 건, 내 집 같은 당당함이다. 방금 방에서 나온 것처럼, 한참 돌아다니다가 숙소로 돌아온 것처럼 두리번거리지 말고 당당해야 한다. 전 세계에서 다 통한다. 피해를 주지 않는 선에서 조금만 뻔뻔하면 몸뚱이가 안식을 얻는다. 나름 꿀팁?

산티아고 데 쿠바에서 다시 하바나로 올라오는 여정에서 묵었던 시골 까사의 풍경이다. 보라색 등나무 꽃이 꽤나 인상적인 시골집이 었다. 딸인지 손주인지 구분이 안되는 예쁜 아가씨가 있어서 작업 차원에서 꽃도 따주고 원반던지기도 같이 해주며 놀았다. 정확히는 아이가 나와 놀아 준거겠지.
말 그대로 잠깐 놀아 주고 가버렸다. 이민호가 아닌 배 나온 못생긴 아저씬 걸 어쩌겠어. 쿠바 사위는 못 되는 거로.

까사에 도착해서 나무 그늘을 찾아서 차를 세우니 아저씨가 나무 아래에 주차하지 말라며 그늘 하나 없는 땡볕 아래를 가르킨다. 당최 이해가 안 갔지만, 다음 날 아침에서야 그 이유를 알게 되었다. 밤새 무언가 지붕 위로 투덕투덕 쿵쿵 떨어지는 소리가 들려오는 게 아닌가! 누가 돌을 던지나 싶어 살짝 무서웠는데 아침에 일어나 보니 망고였다. 차가 상할까 봐 그랬던 것이었다.

오 마이 갓! 그 비싼 망고가 땅바닥에 나뒹굴고 있다. 떨어진 망고를 주워 먹어보니 애플 망고 같았다. 또 없어 보이지만 나중에 먹을 요량으로 주섬주섬 주워 차에 몰래 챙겨 뒀었다.
까사에 도착했을 때 웰컴 푸드로 웬일로 그 비싼 망고를 주길래 황송해했었는데... 주운 거였어. 우리나라도 시골에 가면 집집마다 감나무가 있는 것처럼 집을 둘러싼 망고나무가 가득하고, 길거리에도 망고가 주렁주렁 열려 있다. 역시 더운 나라구나. 망고 좋아하시는 분들은 잘 둘러보시길. 아니, 그냥 사 먹어도 싸겠네요.

유럽에서 체리 나무 가로 수를 보고는 어릴 적 실력을 발휘해 나무에 올라가 체리를 따 먹었던 기억도 난다. 이런, 절도인가.

망고나무 아래에는 땅 파기에 지쳤는지, 혹은 시원 보송한 땅트리스를 만든 개 한 마리가 사진을 찍든 말든 나를 개무시하며 누워 있다.

쿠바는 까사를 포함한 모든 숙소를 국가에서 철저하게 관리한다고 한다. 까사에 숙박하게 되면 먼저 여권 정보를 철저하게 기재한다. 잘못한 것도 없는데 괜시리 긴장되고 무섭다. 한 자 한 자 수기로 노트에 적어 넣는다. 괜한 긴장감이 느껴진다.

또 다른 숙박 방법은 해변 혹은 내륙의 경치 좋은 곳에 위치한 리조트이다. 리조트는 위치나 시설에 따라 5만 원 정도부터 비싼 곳은... 안 가봐서 잘 모르겠다. 혹시라도 누가 책을 오 주문하여 대량 구매하면 환불 안 해주고 그 돈으로 가보고 싶다.

대략 5만 원 정도에서 10만 원 정도 하는 리조트 몇 군데를 가봤는데, 사진 속 리

조트는 1박에 약 7만 원 정도였던 듯하다. 제법 비싸다고 생각하시는가? 아닐걸요.

리조트는 숙박비에 세 끼 식사가 모두 포함되어있다. 식사는 뷔페 혹은 리조트 내의 식당에서 마음대로 먹을 수 있다. 크루즈 탑승한 기분이다. 그리고 몇몇 칵테일과 음료도 무제한으로 제공된다.
쿠바의 대표 칵테일인 모히토, 쿠바 리브레, 다이끼리를 마음껏 마실 수 있다. 끝내주지 않는가. 밥보단 술인 사람에겐 천국이 따로 없다. 오오~~
파라다이스♪♪

해변뿐 아니라, 아래 사진과 같은 여러 개의 수영장을 가지고 있다. 날이 뜨거워서인지 사람들이 모두 바다로 갔는지 풀장은 한가하다.

사진 속 원두막 안에는 바텐더가 상주하여 칵테일을 무제한 먹을 수 있다. 수영장에서 물장구치며 놀다가 원두막으로 가서 "모히또 플리즈" 하면 된다. 두세 번 반복하면 자판기가 된다. 판타스 틱 하지 않은가. 이병헌 안 부럽다.

간단한 샌드위치나 햄버거도 무료로 먹을 수 있고 별도로

한 마리의 거대한 수달, 아니 술달인가?

돈을 지불하면 위스키나 맥주도 마실 수 있다. 밤의 해변에선 이동 카트에서 무료 햄버거 만들어 주는 엄청난 서비스도 한다.

리조트에는 유럽에서 온 것으로 보이는 은퇴한 노인들이 많았다. 저런 시스템이니 은퇴한 사람들이 장기 투숙하는 이유가 충분할도 같다. 그런데 가장 중요한 비키니 미녀가 없다. 흐엉.

쿠바는 인공 불빛이 적어 별을 보기에 좋다. 리조트 해변에서는 밤에도 해수욕을 즐기거나 썬 베드에 누워 밤하늘의 별을 즐길 수 있다. 산타 루치아 해변에서 본 별들이 아름답다.
똑딱이 카메라로는 눈에 보이는 만큼의 별들도 담을 수가 없었다.

길에서 만난 쿠바

홍시 맛이 나서 홍시라고 했을 뿐이라는 대사처럼 쿠바에서 사진을 찍으면 전형적인 쿠바만의 느낌이 난다. 허접한 글보다는 사진이 조금 더 쿠바를 잘 보여줄 듯하여 사진을 보탠다.

기념품을 파는 아가씨에게 냉장고 자석 몇 개를 사고 사진을 찍었다. 사실 아가씨가 예뻐서 사진을 찍기 위해 샀다고 하는 게 맞다. 책에서 본 '밤하늘처럼 깊은 눈'이라는 표현이 이런 걸까. 20년만 젊었어도 이민을 심각히 고민했을 것 같다. 그래봤자 결국 독거 이주 노동자가 됐으려나..

그토록 타령하던 미녀들이 종종 눈에 띄었으나 지나가는 여인에게 함부로 들이댈 비주얼이 아님을 스스로 알기에, 기념품 구매는 좋은 구실이 되어 주었다.

어디를 가든지 같은 기념품 이지만, 미녀에게 사니 그 기분이 사뭇 다르다. 여성분들 비난하지 마시라. 너님도 기왕이면 박보검 닮은 사람에게 살 거자나요.

아무튼, 체 게바라는 죽어서도 쿠바를 먹여 살리고 있다.

건강하고 맑은 웃음이다.
저 농장에서 일하러 왔던 꼬마를 히치하이크해 주며
운전석에 앉아 창문을 내리고 순간 찍은 사진인데
마치 자리를 정해 놓고 서 있으라 한 것만큼 완벽한 구도이다.

길에서 만난 쿠바

156　　쿠바는 정말 아름다울까

보랏빛 꽃 흐드러진 커다란 나무 아래 하릴없는 이들,
잠시 주인을 놓은 말은 풀을 뜯고
더위에 지친 개는 널브러져 지리한
오후 시간을 보내고 있다.

길에서 만난 쿠바

젊음은 싱그럽고 아름답다.
고등학생쯤으로 보이는 소녀가
당당하게 카메라를 응시한다.
이국의 소녀는 무슨 생각을 했을까?

길에서 만난 쿠바

길을 지나다 커다란 물고기를 잡은 어부들을 보고 차를 멈췄다. 사진을 찍는 모습을 뒤에서 지켜보던 아저씨가 슬며시 랍스터를 꺼내 보여준다. 근육이 참 멋지다. 몸매도 가슴의 털도 부럽다.

마침 숙소로 가던 길이라 얼마냐 물어보니 손가락 다섯 개를 펴 보인다. 팔천 원? 싸네 하고 돈을 주니 랍스터를 자루에 넣어서 준다. 그런데! 세 마리를 넣고있다. 한 마리만 사려고 물은 건데, 그것도 싼 건데 아저씨는 세 마리 가격을 말한 거였다. 이럴 때를 빌어 개이득이라고 하는 건가.

꼬마 아가씨가 있던 까사에서 주방을 빌려 랍스터를 쪄내 파티를 했다. 커다란 냄비에 물을 자작하게 넣고 랍스터를 찌는 게 신기했는지 주인아주머니는 고개를 갸웃거렸다. 남이 해주는 게 더 맛있는데, 아주머니께 해달라고할 걸 그랬다. 오른쪽 사진의 랍스타가 더 커 보이는데 슬쩍 바꿔치기한 게 아니고 내 손이 더 큰 탓이다. 우연이 주는 호사는 더 즐겁기 마련이다.

손님이 없는 시간,
시클로 아저씨가 자전거에 기댄 채 쉬고 있다.
무언가 짠한 느낌이다.

뜨리니다드에는 식민지 시절 깔았던 자갈길이 깊게 패인 흉터처럼 아직도 그대로다.

문득, 저 사람은 언제부터 저 자전거를 탔을까 궁금해졌다.
최소 수십 년은 되어 보이는 자전거, 저 자전거를 사기 위해 얼마나 패달을 밟았을까?
어느 영화에서처럼 하루에 얼마씩 대여료를 내며 빌려 오는 걸까?
저 사람의 아버지도, 혹은 저이의 아들도 저 자전거를 타게 될까?

이런저런 상상과 의문, 궁금증과 함께 사진을 찍었다.

어제와 같은 오늘, 오늘과 같은 내일.
탈출구가 없어 보이는 듯한 삶의 굴레.
어쩌면 시지프스 같은 우리의 '일상'일런지도.

씁쓸한 풍경이다.

하늘 위로 시클로 아저씨의 단잠을 깨울
소나기구름이 몰려들고 있다.

수줍음을 타는 사람도 있었지만, 아이나 어른이나 사진 찍히기를 꽤나 좋아하는 듯 보였다. 카메라를 목에 걸고 있는 걸 발견하면 빨리 자기를 찍으라는 듯 포즈부터 잡는다. 브이질 하는 것은 우 리랑 똑같다. 그나저나 한 결같이 몸매가 좋네. 부럽다 복근. 떡 벌어진 가슴도.

꽤나 개구져 보이던 녀석들. 쿠바에서는 날이 더워서 그런지 애나 어른이나 웃통을 벗고 다니는 경우가 많다. 여행 말미에는 나도 웃통을 벗고 운전하며 여행했다. 내세울 것 없는 몸뚱이 작게... 그나마 뽀얀 속살을 위안 삼아야 할까.

정육점 아저씨도 미남이다. 부럽다.
카메라를 보더니 떡 하니 포즈를 취한다.
이 사람들 포즈 학원 다니나...

길에서 만난 쿠바

여행객이 많은 길목에서 거리의 악사들이 관광객 무리가 지나기를 기다리며 쉬고 있다. 쿠바는 이런 거리 악사들의 음악에서도 수십 년 다져진 관록을 느낄 수 있다. 음악을 즐기고 나면 적당한 사례의 동전을 기분 좋게 넣으시면 되겠다.

길에서 만난 쿠바

선글라스로 멋을 낸 시클로 택시 청년이 지나고 있다.
그의 미래와 앞서 본 시클로 아저씨가 교차된다.

쿠바는 정말 아름다울까

어찌 보면 우리에게도 낯익은 풍경.
깡마른 노인이 하바나 시내에서 폐지를 모으고 있다.

그래도 쿠바 여행책인데 전형적인, 쿠바스러운 사진도 좀 넣어줘야 하지 않을까 싶어 몇 장 넣어 본다. 이제껏 너무 우중충한 사진만 넣은 것 같기도 하다.

차 옆으로 흰 헌팅캡을 쓴 사람이 걷는다면 그대로 '브에나 비스타 소셜 클럽'의 OST 앨범 커버 같지 않을까.

아무렇게나 찍어도 쿠바스러운 사진이 나온다. 여기는 쿠바니까.

길에서 만난 쿠바

· 길에서 만난 쿠바

산티아고 데 쿠바의 주말 광장은 흥겨운 음악과 춤으로 채워진다. 주말을 보내려는 가족, 연인, 아이들, 관광객으로 금세 가득 찬 광장.
흥겨운 음악과 몸짓들은 꽤 늦은 시간까지 이어진다.

흥겹게 춤을 추는 소년과 소녀가 인상적이다. 일종의 공연이었는지 무대 의상도 제법 화려하다. 떠들썩한 여름밤의 광장은 무도회장이 되고, 관객이 댄서가 되고, 댄서는 다시 그들을 구경하는 관객이 된다. 그들은 어느새

184　쿠바는 정말 아름다울까

함께 어우러져 춤을 춘다.

대여섯 살쯤 되어 보이는 아이들도 꽤나 현란하게 엉덩이를 흔들고 허리를 돌려댄다. 조기 교육일까 흔히 말하는 종특일까. 매번 그렇듯이 여름에 수영장을 가기 직전 겨울부터 몸 좀 만들어 놓을 걸 하는 후회처럼 라틴 댄스 좀 배워 놓을 걸 하는 후회를 했다. 그냥 가만히 있어도 구경거리인 동양인인데, 막춤이라도 췄다간 더 구경거리가 될 것 같아서 참았다.

쿵쾅거리는 음악 소리에 누구도 집에 가만히 앉아 있을 순 없을 것 같다. 점점 더 많은 사람이 광장으로 모여든다.

광장 한켠은 어느새 놀이공원으로 탈바꿈한다. 노새가 끄는 마차는 놀이 기구가 되고, 어느 틈엔가 광장 이곳저곳 자리 잡은 장난감 목마를 타는 아이들은 마냥 즐겁다. 신기하면서도 정겨운 장면 들이다.

길에서 만난 쿠바

이방인의 렌즈를 바라보는 소년들의 웃음이 밝다.

시내를 걷고 있는데 교실처럼 보이는 곳이 있어 슬쩍 찍어 보았다. 우리처럼 학교가 별도의 건물이나 산꼭대기에 있는 것이 아니고 접근이 쉬운 시내에 있나 보다. 사람들이 지나는 골목에서도 교실 안이 보인다. 옹기종기 걸린 가방이 정겹다.

개울에서 물장구치고, 교실에 옹기종기 모여 공부하고 학교가 끝나면 핫도그 하나 손에 들고 룰루랄라 집으로 향하던 국민학교 시절이 떠오른다. 다시 말하지만 나는 아재다. 초등학교 나온 사람은 저 갬성을 모르겠지. 흥!

횡한 벌판에 빨강, 노랑 원색의 근사한 놀이 기구들이 있다. 흥미롭다고 해야 할까? 자연농원(!) 시절에도 저런 것이 있었던가? 말 안 듣는다고 혼난 기억뿐이다. 자연농원 아시는 분?

길에서 만난 쿠바

쿠바는 정말 아름다울까

기름을 넣기 위해 들렀던 주유소
산지 직송의 느낌이랄까?

과거 스페인 식민지 시절 뜨리나다드에는 목화 농장이 있었다고 한다. 종탑에 올라 보니 스페인의 어느 작은 마을을 연상시키듯 자연과 어우러진 붉은 기와지붕의 근사한 풍경이 펼쳐진다.

뜨리니다드가 한눈에 내려다보이는 이 종탑은 과거에 농장 노예가 도망치지 못하게 감시하는 망루 역할이었다고 한다. 가이드를 고용한 관광객 틈에 끼어 안 듣는 척 훔쳐 들었다. 또 없어 보이니 전문용어로 귀동냥이라 하자..

아무튼, 아름다움의 슬픈 뒷면이다. 마치 쿠바처럼.

생경하게 근사한 건물들을 보면서 모두 착취된 노동력으로 지어진 것일 수도 있다고 생각했다. 이렇게 생성된 과거의 편린들이 쿠바의 허상을 빚어내는 요소로 작용하고 있는지도 모른단 생각도 든다.

하긴, 우리도 중요한 자리에 나갈 때 무리해서 산 좋은 옷을 입고, 프로필 사진 또한 가장 예쁘고 잘 나온, 최대한 현재의 나보다 나아 보이는 걸 쓰지 않던가. 인스타에라도 올리려면 예쁘고 근사한 걸 찍어야지. 그렇게 나비효과처럼 번져 나간 걸지도 모르겠다. 마치 타워팰리스와 붙어 있는 구룡마을처럼, 유럽을 옮긴듯한 멋들어진 스페인 기와지붕의 건물들 바로 옆에는 허물어져 가는 낡은 것 투성이다.

여행은 결국 목적지에 다다르게 되고,
익숙한 곳으로 돌아가야 하는 시간은 늘 아쉽다. 그래서
여행인 걸까.

무엇이 저리 즐거워 저런 사진을 찍었는지는 모르겠지만,
쿠바의 끝까지 가 봤다는 만족에서였을까.

길에서 만난 쿠바

쿠바에서 해외로 보내는 엽서가 제대로 가기는 할까? 의문이 들기도 했지만, 최남단 산티아고 데 쿠바에서 한 통 그리고 하바나를 떠나기 전, 한 통의 엽서를 나에게 썼다. 안 가겠지 하는 확신에 가까운 불신이라면 말이 이상할까? 엽서의 붙은 우표 속 체 게바라가 반갑다.

스페인어로 쓴 문구를 스스로에게 주문 걸듯 보냈다.
"Siempre Libre, 항상 자유롭게"

문법이나 단어가 틀리는 것 따위는 상관없다. 어느 영화에서 연애 편지를 쓰는 걸 옆에서 보던 친구가 철자가 틀렸다고 지적하자, 괜찮아 그녀도 틀린 걸 몰라라고 했던 것처럼 내가 그렇게 받아들이면 그뿐이니...
역시 안 오는구나 하며 잊고 있던 엽서가 두 달이 더 지난 뒤에야 지구 반대편 쿠바의 최남단에서 한국의 최남단 제주까지 날아왔다. 기적에 가깝다고 느껴졌다. 군대에 있을 때 애인이 보낸 편지 보다 더 반갑다고 해야 할까? 수없이 찍었던 사진들보다 이 엽서 한 장이 내가 한 여행의 함축인 느낌도 든다. 기특하다.
꽤나 간절한 마음으로 보냈던 엽서, 아직도 함께하고 있다.

정말 멀리서 보면 희극,
가까이서 보면 비극일까

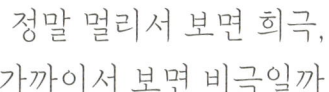

나라별 행복 지수의 순위를 매기는 기사를 본 적이 있다. 그 순위는 부의 크기에 비례하지도 않을뿐더러, 그 나라의 정치적 상황과도 큰 상관이 없어 보였다. 오히려 반비례하듯, 흔히 말해 못사는 나라의 삶의 만족도 순위가 오히려 높았다. 참고로 한국의 삶 만족도 순위는 OECD 국가 중 최하위다.

자본주의의 시선에서 쿠바는 가난하고 궁핍하며 낙후하다. 그렇지만 단순히 가난하기에 불행하다는 결론을 내릴 순 없다. 그들이 좋아하는 한국 드라마에서 본 한국은 깨끗하고 부유하겠지만, 높은 집값과 계층 간 갈등 같은 수많은 요인이 있고, 우리는 우리가 행복하지 않다고 느낀다. 물론 그들의 시선에선 우리가 자신들 보다 행복하다고 생각할 수 있겠지만. 결국은 거울은 보지 못한 채 서로를 창문으로만 바라보는 건 아닐까.

부채를 기반으로 우리가 누리는 알량한 안락함과 편안함을 가지고 그들의 행복과 불행을 가늠 짓는 것은 말 그대로 꼴값일 것 같다. 행복의 잣대가 돈이 아님은 물론이다.

주말마다 광장에 모여 춤을 추고, 지나는 이방인에게 한껏 밝은 미소를 내어 주며 소소한 일에도 웃고 즐기는 그들이 나보다는 훨씬 행복해 보였다. 지금과 견주어 조금 불편했을 뿐이지 경제적으로 풍족하지 못했던 7~80년대가 더 불행했다고 느끼는 사람은 없을 것 같다. 그 나름의 낭만과 즐거움이 있었으니까 말이다.

해변에서 노을을 보며 좋아했던 보드카를 마시다가 사진을 찍었다. 브랜드의 로고처럼 병을 장식했던 기러기들이 지는 해를 배경으로 멋지게 날고 있다. 무심히 스치듯 본 그들이 이렇게 멋진 아이들이었다니.
아름다운 것, 멋진 것도 익숙함에 가려 진가를 발견하지 못하나 보다. 아니면 단지 무지함과 무관심으로 스쳐 지나친 걸 수도.

환상으로 가득했던 쿠바, 그 환상과 다름에 실망했던 쿠바, 다시는 가지 않겠다고 툴툴거렸던 쿠바. 하지만 수년 만에 여행을 반추하며 저 기러기를 발견한 듯한 기분이 든다. 쿠바를 여행하면서 "인생은 멀리서 보면 희극, 가까이서 보면 비극"이라는 말이 떠올렸었다. 그 말에 쿠바를 대입해보니 맞기도 하고 틀리기도 했다. 내 허상과 환상으로 빚어진 실망이었고, 그때는 그 진가를 몰랐기 때문이기도 하다.

쿠바는 정말 아름다울까?

책 제목으로 뽑은 이 질문에 대한 내 대답은 이렇다.
다시 가게 된다면 아이들에게 나눠 줄 연필을 넉넉히 챙길 것을, 사진 찍기 좋아하는 그들에게 줄 폴라로이드 필름을 넉넉히 챙길 것을, 함께 어울려 춤을 추기 위해 라틴 댄스를 배울 것을 그리고 그들과 이야기 나눌 수 있는 스페인어를 배울까 고민하고 있다고.

끝. 감사합니다.

FIN

Thanks to
S.H.